演说中国——全国青少年演讲与朗诵艺术展示活动

指导用书

主 编 籍艳秋

中国言实出版社

前　言

　　演讲影响世界，口才赋能人生。演讲与口才能力在个人成长乃至世界发展中的重要意义是不言而喻的。西方世界把"舌头、金钱、原子弹"列为三大武器，美国前总统尼克松曾指出："如果让我重进大学，我将修好两门课：演讲和说服。"有思想而不表达的人就等同于没有思想，在信息化时代，交流与沟通、演讲与口才能力尤其重要。

　　"演说中国——全国青少年演讲与朗诵艺术展示活动"，是由演讲与口才杂志社等单位发起的、旨在提高青少年演讲与口才能力的展示和学习平台，突出专业性、学习性和普及性，深受广大青少年的喜爱和社会各界的好评。活动自2018年启动至今已成功举办两届，惠及全国上百万青少年，央视一套、央视十三套、中国教育电视台、爱奇艺、腾讯、搜狐、网易、今日头条、新浪微博等知名媒体都进行了大量报道，成为国内较为权威、专业、有影响力的青少年演讲与朗诵展示活动。

　　第三届"演说中国"活动以"爱祖国、爱家乡"为主题，通过演讲与朗诵的方式，生动讲述防疫抗疫一线的感人事迹，引导青少年树立国家意识、增强家国情怀、传承传统文化，讴歌战斗在疫区前线的最美中国人。我们将秉持打造国内一流青少年语言艺术展示平台的宗旨，集社会各界盟友之力，不断推动青少年口才教育事业蓬勃发展！

演说中国——全国青少年演讲与朗诵艺术展示活动组委会
2020 年 4 月

目　录

上篇　演讲篇

下篇　朗诵篇

上篇　演讲篇

　　本篇由演讲知识、精选演讲稿分析和经典演讲稿点评构成。演讲知识实用而全面；演讲稿既有精选自"演说中国"活动第一、二届选手的原创稿，又有经典演讲篇目，并附专业老师的精彩分析和点评。

第一章　演讲知识

　　同学们，你们喜欢演讲吗？在学习和生活中，你们会经常演讲吗？如果喜欢，又会用到演讲，那么你们知道什么是演讲吗？怎么能使你的演讲获得观众的认可呢？

　　南北朝时期文学理论家刘勰在《文心雕龙·论说》中说："一人之辩，重于九鼎之宝；三寸之舌，强于百万之师。"可见，演讲能力对我们来讲非常重要，小到表达个人观点，大到处理国际外交事务，都离不开演讲。演讲是一门语言的艺术，它旨在调动起听众情绪，并引起听众的共鸣，从而传达出你所要传达的思想、观点、感悟。

　　那么什么是演讲呢？演讲又叫讲演或演说，是指在公众场合，以有声语言为主要手段，以体态语言为辅助手段，针对某个具体问题，鲜明、完整地发表自己的见解和主张，阐明事理或抒发情感，进行宣传鼓动的一种语言交际活动。

　　那么，在演讲开始之前我们都需要做哪些准备工作呢？

第一节　演讲着装，打扮得体自然

　　同学们，在演讲时，我们一定要注意自己的着装打扮，得体的着装打扮会给你的演讲加分，会给听众留下深刻的印象，那么在演讲时，什么样的着装才叫得体自然呢？

　　英国当代著名演讲家约翰·哈斯灵曾精辟地指出："听众是否接受你演说的内容，是根据他们是不是喜欢你这人而定的……你在演说之初，与听众建立起来的友好关系，可能就决定了你的成功。"而西方学者艾伯特·马伯蓝比则根据研究表明：别人对你的第一印象55%取决于穿着打扮。这两个结论揭示了服装在演讲中的重要作用，因此如何着装就成为演讲者必须重视的问题。演讲者的服装打扮要得体自然，总的来说应该遵循以下"三个三"原则。

一、"三色"原则

所谓"三色"原则，是指演讲者全身上下的衣着，应当保持在三种色系之内，否则就会显得杂乱无章，失之于庄重和严肃。除了名人在着装上有 VIP 特权外，普通人在演讲台上的衣着必须体现庄重和得体，以显示对听众的尊重。这就要求演讲者的服装颜色以少为佳，控制在三种色系或三种颜色之内。"三色"原则并不是要演讲者的服装单调、古板，而是在三种色系内追求"统一当中有变化，变化当中有统一"的和谐美。

二、"三子"原则

所谓"三子"原则就是演讲者的服装务必做到：一要有领子，二要有袖子，三要有扣子。男性尤其要尊重这一原则。随着当今社会价值观的多元化，女性的服装可以稍稍变通，例如可以无领子，但不能过分暴露胸部，否则也不够庄重，会引起听众尤其老年听众的反感，这时可以利用丝巾、雅致的项链等弥补光秃秃的脖子。

三、"三忌"原则

所谓"三忌"原则是指演讲者的服装忌讳短、透、紧。忌短，是指演讲者的衣服不能过短，否则演讲者一旦有肩部以上的手势动作就会露出腰部或内衣，不够雅观，尤其是演讲时穿短裤或超短裙易给人过于随便或轻浮之感，这更是要杜绝的。忌透，是指无论男女都不能穿透视装，特别是女士穿着透视装上台演讲，让台下的男听众看也不是不看也不是，会极大影响演讲的效果。忌紧，是指演讲者不能穿紧身装，否则一旦演讲者做手势动作，衣服就会往上抽动，为了使衣服恢复原位，演讲者就要不断地下拉衣服，这种多余、无意义的体态语势必会影响演讲者的形象和演讲效果。

在演讲台上，服装越来越成为演讲礼仪的一个重要部分，穿着打扮得体不仅仅是演讲者个人品位的体现，更成为评委、听众考量演讲者的一个重要尺度。

第二节　用好话筒，声音清晰洪亮

同学们，在演讲时，话筒的应用也是我们必须掌握的一个小技巧，因为话筒作为传播我们演讲内容的媒介，至关重要。如果话筒没有检查好，在演讲过程中出现问题，会让我们的演讲内容和效果大打折扣，影响我们演讲水平的发挥，给听众留下非常不好的印象。

现在上台演讲，一般都会使用话筒（也叫麦克风）。尤其是一些较大的场地，话筒使用是否得当，对你的演讲效果有直接影响。话筒使用要注意以下四点。

一、要注意嘴和话筒的距离

你的嘴和话筒的距离，对演讲的声音大小，以及清晰程度有直接影响。话筒离嘴过远，声音会很小，听众听不清；话筒离嘴过近，会有破音的效果，让声音变得不清晰。所以，话筒最好是离嘴二到五指的距离，不远不近，恰到好处，才能达到最佳的声音效果。

二、无论是手持式话筒，还是固定在架子上的话筒，都要放得低一些，低于自己的嘴巴

如果话筒放得过高，可能会挡住你的嘴，甚至会挡住你的脸，这样很不美观。另外，也可能会使听众无法看清你的面部表情，影响你的态势语言。

三、尽量排除杂音

现在的话筒都非常灵敏，任何一点小小的声音它都可能吸进去。所以，当使用话筒时，千万不要发出吸鼻子、咳嗽之类的声音。如果使用手持式话筒，不要握得太紧，否则很容易发出刺耳的蜂鸣声；如果使用别在衣服上的微型话筒，要注意不要让话筒和衣服或者徽章之类的饰品产生摩擦，否则会有很大的杂音。

四、如果是手持式话筒，应该相对固定地保持在一个位置

不要讲话的时候就把话筒放在嘴边，讲完一句就把话筒拿开。即使短时间内不讲话了，也应该自然地将话筒放置在胸前或者稍下位置，等要讲话时就能自然地拿起。另外，不要频繁地换手。如果要换，一定要配合好动作进行，过渡要自然。

用好话筒，要根据个人的习惯、场地的大小，以及话筒的质量等多方面的因素考量。一个成熟的演讲者，在登台之前，会拿起话筒试一下，调整到最适合自己的程度。如果现场有音响师，应该提前和音响师沟通一下，告诉他你对话筒的要求，以及万一在演讲过程中话筒出现问题该如何处理。这种沟通对你的演讲是很有帮助的。

第三节　声音语调，做到抑扬顿挫

有的同学在演讲时，不知道如何控制好自己的声音语调，总是找不到把握的标准和方法。声音语调控制不好，很容易导致听众听不清楚，甚至听不明白你所要表达的内容，让你的演讲功亏一篑。

据说，法国作家福楼拜每写完一篇文章，都要用钢琴检验句子的音节是否响亮。写文章尚且如此，演讲使用的言辞就应该更加讲究字音的选择。为了练好语调，我们可以从以下六个方面训练。

一、发音响亮

演讲时齐齿呼音节（i 或以 i 开头的韵母）与撮口呼音节（ü 或以 ü 开头的韵母）发音时由于口腔开合小，共鸣腔不大，音发出来不亮。要尽量在备稿时换成开口呼音节（a 或以 a 开头的韵母）与合口呼音节（o 或以 o 开头的韵母）。如把"至"改为"到"，把"与"改为"和"。

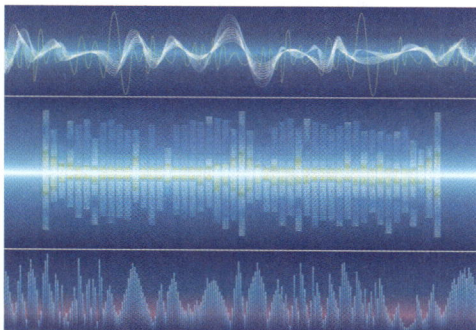

二、双音节化

汉语中的一些单音节表达意义复杂、深刻，如能改成双音节就明白、通俗些，且双音节响亮明朗，有顿挫变化，易于表现语言的音乐美。比如说"经过十二年寒窗苦读，此子最终考上了大学"，"此"和"子"分别是单音节，改成"这个孩子"，"这个"和"孩子"是双音节。

三、平仄相间

"平仄声"是在四声基础上，笼统地把四声分成两类，故而产生"平仄"。汉字一字一调，高低升降，起伏变化。作为平声字的阴平、阳平变化不大，比较稳，而易听清楚仄声字的上声、去声变化大，声音短促，音感强烈。二者要相间配合，使声音起伏变化，错落有致，富有弹性和张力。比如我们演讲时经常引用的朱自清的句子："燕子去了，有再来的时候；杨柳枯了，有再青的时候；桃花谢了，有再开的时候。""燕子"是仄平声，"杨柳"是平仄声，"桃花"是平平声，"去"是仄声，"来"是平声。

四、停连适当

演讲有声语言的体现要有节奏感，不能像平平流水，应该按照语法、逻辑、感情的需求把它们音化为一个个跳跃的节奏。要注意的是停中有连，整体把握。当停不停，听起来模糊不清；当连不连，听起来支离破碎。比如："糖块 6 元 60 颗""来了的和尚、未来的朋友均有献血的义务"。

五、轻重得体

根据演讲感情的需要，可以把语句中的一些词语读得轻些或者重些。轻重的确定一定要得体，要建立在语意的基础之上。中间衔接处要自然，不留痕迹。如说"为了我们的友谊干杯！"时，其中"干杯"一词可重读。

六、快慢得当

快慢即演讲的速度。快慢要看对象、看场景、看内容。要做到"快而不拖，慢而不乱"，否则会导致松松垮垮，或者含混不清。切记当快则快，当慢则慢，快中求慢，慢中求快，快慢得当，妙不可言。

第四节　演讲练声，做好准备工作

同学们，有的人演讲，我们说他的声音带有"磁性"，很好地把听众和他的演讲内容黏合在一起，那么我们如何练声，做好演讲的准备工作呢？

想学演讲，练习发声，使自己的声音更加浑厚、更加优美，这是必需的。有些人喜欢一上来就直接练习发声，效果往往不佳。所谓"磨刀不误砍柴工"，提前做些准备工作，会使你的发声练习更有效率。

首先要放松声带，这就像我们在做激烈运动之前，要做些准备动作一样，否则就容易使肌肉拉伤。在做大声的发声练习之前，先发一些轻慢的声音，让轻缓的气流去振动声带。声带活动开了，再做大声的练习，效果更好。

其次，要活动一下咀嚼肌。有些人练习时间长了，会觉得两腮麻木。如果一开始，能先闭着嘴，活动一下咀嚼肌，让脸部的肌肉运动一下，再练习发声，就不容易出现这种情况了。

还有，我们大家都知道，练习发声，鼻腔的共鸣是很重要的，能使你的声音听上去更有磁性。因而在练习之前，先学两声牛叫，能帮助你更好地体会鼻腔共鸣的感觉。

上面是关于声音方面的，还有一些其他地方需要注意。要练习，肯定需要一些内容。你一定要把每一个字的发音弄准确，如果没把握的，就注上音，这样有助于你在练习时能做到"字正腔圆"，而且长期积累下来，也能减少你演讲时说错别字的风险。

我们还要注意，练声时，千万不要在早晨刚睡醒时就到室外去练习，那样会使声带受到损害。特别是室外与室内温差较大时，更不要张口就喊，那样，冷空气进入口腔后，会刺激声带。

每一个演讲大师富有磁性的声音都是通过长期的辛苦练习得来的。练声也不可能一蹴而就，需要我们长期坚持。因而，做好准备工作，既能保护好自己的声带，又有助于提高练习的效率，何乐而不为呢？

第五节　眼神交流，拉近听众距离

同学们，我们经常说："眼睛是心灵的窗户。"演讲中，眼神交流运用，能够拉近我们与听众的距离，做到心领神会。那么如何巧妙地运用好眼神，用眼神传达出我们的思想感情呢？

演讲是演讲者与听众面对面的交流，无论是出于对听众的尊重还是要观察听众对演讲的反馈，演讲者都要看着听众演说。这对演讲老手而言并非难事，但对于初学演讲者而言却并非易事。因为大多数人并不害怕说话，却害怕众目睽睽之下与听众面对面地讲话。那应该怎么解决这个问题呢？虚实搭配是一个绝妙的办法！

何谓虚实搭配？即虚眼和实眼搭配起来使用。虚眼是指演讲者的目光在全场不断扫视，好像看着某个听众，实际上谁也没看，演讲者是把听众作为一个整体来看的，目光并没有聚焦在某一点上，只是为了造成一种演讲者和听众之间的交流感。由于虚视时不聚焦，看不清听众的反应和表情变化，因此可以很有效地帮助初学演讲者克服怯场心理，同时还能给听众造成一种真实的交流感。但是一味运用虚眼法不利于演讲者查看听众的反馈信息，因此还要和实眼法结合起来。实眼是指演讲者与听众切实的眼神交流，使演讲者能够收集听众反馈信息以调整演讲内容。当然虚眼和实眼的搭配一定要根据具体情况，灵活搭配。

时间不同，搭配不同。如登场时，可以用实眼法自信地环顾全场，打造出场的逼人气势；演讲开始时演讲者往往最紧张，这个时候可以用虚眼法避免紧张和不安；等到演讲到一段时间，不再那么紧张了，演讲者可以适时加进来一些点视、环视、侧视等实眼的交流；演讲结束时，同样运用实眼法向听众致谢。这样的搭配既使演讲者不会因为实眼而过于紧张，又避免了演讲者一味运用虚眼法而无法获知听众反馈，而且还能给听众一种自信、镇定的感觉。

听众不同，搭配不同。为避免造成一部分听众有被冷落之感而产生排斥心理，演讲时与听众眼神交流一定要兼顾全场，不要顾此失彼。但兼顾全场要视听众不同而有所区别：如果是熟悉的听众，演讲者演讲时则可多用点视、前视、环视等实眼法照顾全场；但如果是陌生的听众，为避免紧张，初学演讲者可以多用虚眼照顾全场。

此外，虚实搭配还要根据听众对演讲反馈的不同而有所不同。对于那些热烈回应的听众，演讲者可以多多运用点视等实眼法，使听众的微笑、鼓掌、点头赞许成为增加演讲者自信的动力。而对于那些心不在焉、交头接耳、反应淡漠的听众，演讲者尽量使用虚眼法，以避免这些不良反馈扰乱演讲心情而影响演讲。

演讲有法，但无定法。初学演讲者不能一味模仿演讲大师，一定要具体情况具体对待，对眼神的运用亦是如此。

第六节　面部表情，丰富演讲内涵

同学们，我们的内心世界，直接反映在我们的面部表情上，那么在演讲中，我们应该以什么样的面部表情，来丰富我们的演讲内涵呢？法国作家、社会活动家罗曼·罗兰说："面部表情是很多世纪才培养成功的语言，是比嘴里讲出的要复杂到千万倍的语言。"

面部表情丰富多彩，可以说是一种深刻、直观的表达方式，甚至比语言、手势等更能使人入木三分。面部表情由丰富、敏感的面部肌肉以及眼神、眉毛、嘴唇组成，这些组成部分的每一个细微变化都在表达演讲者的思想和内心变化，如喜怒哀乐、忧虑、期待、疑惑、满意、敬佩等。那么我们在演讲中该怎样运用表情呢？

一、嘴唇的运用

嘴角微上翘，可以展现出微笑的面容，这也是演讲中运用比较多的表情，无论是上台还是退场，都需要演讲者向观众报以微笑，通过微笑还可以表达出喜悦、亲切、肯定、满意、赞扬的态度。运用到我们的演讲中，能够展现演讲者的内心情感，又能强化所要表达的观点。

二、眼睛的运用

"眼睛是心灵的窗户"，这部分很重要。不同的使用方法能展现出不同的效果。比如，仰视，表示崇敬或傲慢；俯视，表示关心或忧伤；正视，表现庄重、诚恳；环视，表示交流或号召；点视，表示具有针对性和示意性；虚视，可以消除紧张心理。在和观众互动的时候，眼睛的运用更是十分重要，如正视观众的眼神，能和观众就某个问题进行互动。

三、眉毛的运用

双眉往上扬，表喜悦、亲切、肯定、满意、赞扬；双眉微蹙，表疑问、忧虑、悲伤。这在表达演讲者情感的时候，能够充分发挥功效。比如，在讲到理解亲人的演讲中，双眉紧蹙，说："我们在外面打拼，为的是什么？难道就是过年的时候，拿钱给父母吗？而他们长年累月的孤独，我们能看到吗？"这样就会形神兼备，触人心弦。

有人曾问古希腊伟大的演说家德摩斯梯尼："对于一个演讲家，最重要的才能是什么？"德摩斯梯尼回答："表情。"又问："其次呢？""表情。""再次呢？""还是表情。"由此可见表情在演讲中的重要作用，需要我们多加训练和学习。

第七节　台上走动，需有规律可循

　　同学们，演讲中，只顾滔滔不绝地展示口才、表情和姿态，却忽视了讲台上的走动，效果必然不佳。为了使讲台走动更好地表现演讲者的内容和情感，我们需要多多揣摩讲台走动的规律。

　　讲述一个生动、有趣或感人的故事，能够展示演讲的魅力。在讲述故事时，演讲者要十分注意自己的走动路线。开始阶段，可以伫立在讲台中间，引起观众的注意。随着故事的逐渐深入，可以采取直线的走动方式，在讲台上走动，速度要慢，慢慢地走近观众，从而拉近与观众的实际和心理距离。

　　演讲离不开对某件事的议论或评述。在这个阶段，演讲者最好保持相对静止的位置，这样有助于把精力集中在演讲的议论或评述部分，更容易吸引观众的注意力，也更好地展示口若悬河、激情澎湃的演讲效果。在表达观点时，可以径直走向讲台的左前方或右前方，快速有力，逼近观众，给人一种坚定而又自若的讲台效果。

　　互动也是演讲过程中不可缺少的环节。一般情况下，通常有三种走动方式可以采用。比如从讲台的左前方朝右前方走动，与前排观众进行互动，然后返回讲台。或者从演讲现场的左侧走下讲台，绕道现场的后方，从讲台右侧返回讲台，与全场观众进行充分互动。当然，也可以走到观众的中央，在那里与观众展开重点互动。

　　在讲台上，一些初次演讲者因紧张等因素站立在某个地方全场不动，或者在讲台上手忙脚乱，这样既不能与观众进行充分的交流，也大大降低了演讲者的亲和力，自然谈不上展现演讲的艺术效果了。所以，初学演讲者更要充分利用好各种走动方式，帮助自己展示更好的演讲效果。

第八节　演讲手势，增添演讲气势

同学们，演讲中，手势的运用也是我们必须要掌握的一项内容，自然得体的手势运用，可以体现出我们的内涵和修养，给听众一种自然流露的感觉。

演讲中，为何自然而安稳的手势，可以帮助演讲者平静地说明问题；急剧而有力的手势，可以帮助演讲者升华感情；稳妥而含蓄的手势，可以帮助演讲者表明心迹？究其个中缘由，就是演讲者在运用这些迥然不同的手势时，都很好地遵循了演讲手势的"三协调"原则。

一、手势要与全身体态相协调

演讲中，演讲者的手势从来不是孤立的，它总是和声音、姿态、表情等密切配合进行的。演讲以讲为主，以演为辅，没有手势动作的演讲只是讲话而已，演讲者的手势要和全身体态相协调。演讲中，我们常见一些演讲者，从上台到演讲结束，要么两手始终下垂贴于裤线，一直保持着立正姿势；要么扭捏得像个害

羞的小姑娘，总是掰捏着自己的小手指；要么好不容易伸出手来，却胡乱在空中比画几下……显得或生硬，或沉闷，或别扭，总之与全身体态极不协调。这样的演讲自然大打折扣，不被听众看好。

二、手势要与口头语言相协调

大凡有经验的演讲者都知道，手势的起落应和话音的出没是同时的、同步的，不可互为先后。如果话说出去了，手势还没有做；或话已讲完，手势还在继续，这不仅失去了它的意义，而且会使听众感到滑稽可笑。这种情形也多出现在演讲新手身上。由于过分紧张和缺乏自信，演讲者一上台，就开始显得局促不安，于是自顾自地把事先背熟的演讲词一股脑儿说出来，也不管它与自己所做的手势合不合。结果自然闹出不少笑话。

三、手势要与感情表达相协调

正常情况下，演讲者手势的幅度和感情是成正比的。譬如演讲中感情激昂时，手势动作的幅度就可大一点，感情平缓时就可小一点。又如，表达忠诚时，你不妨把右臂抬起，手抚胸口；表达鄙弃和反对时，又不妨将抬至胸前的右臂，迅速向斜下方打出去。古往今来，大凡杰出的演说家，像丘吉尔、马丁·路德·金，像闻一多、李燕杰等，都有一个共同的特点，那就是总能借助适当的手势来增添演讲的气势，来表达自己丰富多彩的思想感情和内心世界。因此，他们的演讲就更具表现力和感染力，更能打动听众的心。

第九节　调动气氛，演讲引人入胜

同学们，一场成功的演讲，必须轻松流畅，听众积极互动，在互动中，增强听众与演讲者的相互信赖，在互动中，更好地完成思维、感情的传递。缺少互动，即使再专业的内容，也会出现"单向传输"的沉闷景象，甚至出现"台上激情四射，台下睡倒一片"的强烈反差。那怎样才能与听众互动，提升演讲效果呢？

一、设问调研式

这可以用在讲座的开始阶段或讲座出现多个话题时新话题的引入，根据演讲主题的需要，设定一些有针对性的问题，如演讲的内容会根据现场听众身份进行微调，可以这样设问调研："今天现场来了这么多的人！好的，演讲开始前我想先了解一下，在座的有多少位是在校大学生、在职人士？请举起您的左手示意一下。"如果听众的经历对演讲内容的影响较大，可以这样设问调研："现场的朋友们，咱们有多少位曾经有过演讲失败的经历？"调研的问题，最好在演讲准备中设定，要充分考虑主题及现场听众构成情况并具有针对性，避免在演讲中做出不合时宜的问题，造成不良后果。

二、暂停悬念式

这种方法一般也可用在演讲的任何阶段，请看下面这个事例：普列汉诺夫有一次在日内瓦做关于《无产阶级与农民》的演讲，当时会场乱哄哄的，几乎使演讲不能继续下去了。这时，普列汉诺夫双手交叉在胸前，目光嘲笑地扫视着会场。当台下逐渐平静了些，他大声说："如果我们也想用这种武器同你们斗争的话，我们来时就会——（他停顿了一下，大家以为他会说，带着炸弹、武器、棍棒，然而他说出的话却出人意料），我们来时就会带着冷若冰霜的美女。"此语一出，整个会场笑声一片，甚至连一些反对者也笑了起来。普列汉诺夫见时机已到，话锋一转，又重新回到了演讲的正题上。

三、对比自嘲式

自嘲式是很多演讲名家经常用到的方式，比如有一次李敖先生在北大演讲，在谈到自由时，面对自己的被禁书单，感叹道："我一生写了100多本书，被查禁的有96本……我的这些书卖不出去，就和地摊上那些黄书混在一起卖，结果很多去买黄书的人就成了我的读者。"整个会场笑声一片，李敖先生通过这样对比自嘲的方式，很好地调动了听众的情绪，也让听众加深了对演讲主题的理解。

第十节　巧妙互动，进行有效沟通

同学们，演讲时，互动是一个让彼此参与的过程，可以让演讲者与观众之间加深了解，达到最好的效果。那么，在演讲的过程中，该如何互动呢？

一、通过举手促进参与

很多人认为让听众举手很困难，因为中国人普遍认为"枪打出头鸟"，先举手肯定会有不好的事情发生，所以很多人举手时都要前后左右看看大家。让听众举手存在一个小窍门，就是演讲者自己先把手举起来，这时所有人的焦点都在演讲者的这只手上，就不会去看其他人，这样演讲者就很容易引起听众的配合。演讲者要通过举手促进听众的参与，与听众互动，让听众进入状态、进入课程。

二、通过提问引发思考

演讲时提出问题既可以控场，也可以形成互动。提出问题就是将疑问抛给听众，让他们思考。可能不是所有人都直接进行了回答，但是多数人都会认真思考。听众思考过的和演讲者直接讲出的效果是完全不同的，前者能给听众留下更深刻的印象。

三、化句号为问号

化句号为问号也是一种互动的重要方式，具体方法是在一句话的后面加上"好不好""是不是""对不对"等，听众回答的同时就会产生很好的互动。

四、巧妙引导创造互动

每个人都有表达自己的愿望，演讲者要善于给听众提供这样的机会。例如，演讲者说："很多人演讲口才不太好，都是受中国传统文化的影响比较深。中国的传统文化教育大家，言多（沉默）、必失（沉默）。"沉默的部分不用演讲者自己说，听众会直接说出来。这就让听众很好地参与进来，进行了很好的互动。需要注意的是，引导要选择一些大都耳熟能详的话语，否则没有人能接下去，也就没有办法进行互动。

五、重复加深印象

演讲中，重复一些内容可以加深听众的印象，也可以形成良好的互动。例如，"跟着我来读一遍""大家跟着我一起回顾一下"。

第十一节　话筒故障，可以机智救场

同学们，你是否曾遇到在演讲时设备故障了？比如话筒是不是会经常闹点小情绪，时不时气你一下，让你的心情不得安宁，演讲无法顺利开展下去？这种情况会随着演讲的次数增多而增多，如果我们没有重视起来，迟早要遭遇尴尬的。话筒出现问题是常有的事，但我们很多时候可以借着这个问题开始演讲，说得好的话，话筒故障还能为你的演讲加分。

在此，我们不妨来看看下面这些演讲趣事——

故事1：由一汽丰田冠名赞助的"一汽丰田 RAV4 2014 爱跑·北京（春季首发站）"活动在北京奥林匹克森林公园启动时，CCTV5 爱跑团成员魏晓楠、刘星宇以及奥运冠军罗雪娟、张湘祥等明星前来助跑。这场全民健身活动，吸引了超过 2000 名跑友参加。有趣的是，张湘祥讲话时，话筒出现了故障，扬声器时断时续，他机智地回应："今天的话筒不好使，这就是缺乏运动的表现。锻炼不够，难免'上气不接下气'。"

面对话筒声音时断时续，无法正常使用，张湘祥没有抱怨话筒，反而说话筒是缺乏运动的原因，令人大感意外。这当然是夸张的说法，但是却是紧扣演讲的主题，也就是这个活动的主旨，可以说是衔接得天衣无缝。这一番妙语，自然能令台下的跑友纷纷拍手叫好。

故事2：蔡国庆在《同一首歌》晚会上，正为大家演唱一首新歌《东方瑰宝》，当唱到一半时，话筒线断了，此时观众哗然，蔡国庆并未乱了阵脚，等到话筒恢复正常时，他轻松地说："真是很有意思，这是首新歌，所以导演特意让我唱两遍以加深印象。"

话筒的线断了，影响了声音表达，也是比较常见的一个故障。但蔡国庆把这个故障故意说成是导演特意安排他唱两遍新歌，这一巧妙的解释，顿然缓解了自己的尴尬。明明是一次话筒故障，结果却成了一次意外之喜。

故事3：法国前总统希拉克曾来北京大学作了一场题为《法中合作伙伴关系：雄心勃勃构建和平与进步》的演讲，阐述了他对中法关系及其前景的看法。不过，在回答一位学生的提问时，麦克风出现了一点故障。这位 73 岁的总统像孩子般做了一个顽皮的鬼脸，耸耸肩说："这可不关我的事，我没碰它。"引来全场听众的笑声和掌声。

发现麦克风出现故障后，希拉克倒是没有任何的解释，也没有装作看不见，置之不理，反而像小孩子一样，好像是做了错事，然后声情并茂地表示这不关他的事，他没有碰它，实在是风趣幽默，这样搞笑的表情和话语，让现场气氛一下子活跃了起来。

故事 4：2011 年，在明星绿色公益演唱会上，韩红正热情饱满地唱着，突然话筒来捣乱，没了声音。没有话筒传声，韩红极具感染力的嗓音反而显得格外真切、深邃和感性。工作人员忙不迭地上台调换话筒，韩红幽默地调侃道："这完全是在考验我的唱功，唱着唱着就把我的话筒拿走了。"

话筒突然之间就没有了声音，的确是很破坏气氛，但是当工作人员上台调换了话筒之后，韩红却借着这件事，把这一切说成是考验自己唱功的时候，这当然也是"无稽之谈"，但夸张而可爱，因而，一句话赢得了全场欢呼。

故事 5：2012 年的时候，在电影《黄金大劫案》的发布会上，白岩松作为特邀嘉宾出场，但是，他一开口就遇上了麻烦，因为他手持话筒连喂了两声，可就是不响。但是白岩松没有慌张，反而笑着说："用别人的话筒，就是一次冒险。"

想讲话，话筒却出不了声，这开不了口的场面，当然很尴尬，但是，白岩松只用一句话就拉回了气氛，他说的"用别人的话筒，就是一次冒险"，让现场的人无不为他倾倒，难怪现场主持人赞叹他"不愧为名嘴，换一次麦，都那么有深度"。

以上几位名人遇到话筒问题时，如此从容和淡定，让人敬佩；而他们所使用的应对技巧，更让人深深感受到了他们的演讲技巧和语言智慧。

第十二节　意外跌倒，勇敢重新站起

同学们，在演讲中，难免会发生一些意外，意外跌倒就会使演讲者惊慌失措。尴尬谁都怕，可是尴尬在演讲中几乎是不可避免的。曾有人做过一个调查，演讲当中遭遇最尴尬的事儿是什么，结果显示，走上讲台差点跌倒或者真的跌倒是排名前列的。可见，人人都害怕在演讲时会意外跌倒，觉得那样会有损形象，让人看笑话。如果抱着这样的心态演讲，可想而知，那接下来的演讲，效果自然不会好到哪里去。其实，差点跌倒或者真的跌倒了，也并非就一定是坏事，如果你懂得用语言来化解，那跌倒时不但不会过于难堪，甚至可能还会因祸得福，为你的演讲添彩呢！不信？请先来看看这个故事——

曾有一位演讲者走上讲台时，不慎被话筒线绊倒了。当时台下听众发出了一片倒掌声，气氛降到了零点。但是，这位演讲者爬起来后，不慌不忙地走到话筒前，微笑着对听众说："同志们，我被大家的热情倾倒了！谢谢！"顿时，全场响起了热烈的掌声，大家都为他这绝妙的应变和开场白喝彩。

本来被话筒线绊倒了，是一件很尴尬的事儿。但是这位演讲者却把这种原因，归为自己被听众的热情倾倒了。如此一来，不但将自己摔倒的原因说圆了、说通了，还直接赞扬了听众的热情，拉近了与听众之间的距离。

1963 年 2 月的一天，白宫举行了盛大的授奖仪式。为表彰著名的美国航空学家冯·卡门在火箭、航天等技术上作出的巨大贡献，美国政府决定授予他国家科学奖章。当时的冯·卡门已有 82 岁，并患有严重的关节炎。当他气喘吁吁地登上领奖台的最后一级台阶时，趔趄了一下，差一点摔倒在地上。给他颁奖的肯尼迪总统忙跑过去搀扶住了他。冯·卡门幽默地对肯尼迪总统说："谢谢总统先生，物体下跌时并不需要助推力，只有上升时才需要……"众人无不钦佩他机智的反应。

在这里，冯·卡门把自己的跌倒别解为物理上的"物体下坠"，而将肯尼迪的搀扶附会为物理上的"助推力",如此亦庄亦谐的说法,语言艺术生动活泼,也符合他航空学家的身份,令人觉得生动有趣,最终巧妙地化解了自己跌倒的尴尬。

观众所熟悉的中央电视台《正大综艺》节目的原主持人之一——杨澜女士,1991年在广州体育中心主持"金鹰奖"颁奖文艺晚会节目,在一次报幕之后退场下台阶时,不慎跌了一跤。观众一时哗然。在众目睽睽之下,出现这种现象,的确令人难堪。但说时迟,那时快。只见杨澜迅即一跃而起,满面笑容地对观众说道:"真是马有漏蹄人有失足呀,我刚才的狮子滚绣球节目演得还不够熟练吧?看来这次演出的台阶并不那么好下啊,但台上的节目会很精彩的。"杨澜就这样巧妙地摆脱了难堪,这时全场爆发出热烈的掌声。有的观众还大声喊:"杨澜,广州欢迎你!"

多少人能够做到像杨澜这样,自己不慎跌了一跤,却迅即转过身来顺势做了一篇精彩的文章?在这里,杨澜巧妙地把这一跤,说成是自己在表演一个"狮子滚绣球"的节目,不但为自己找了一个很好的"台阶",化尴尬为快乐,而且还赢得了观众一阵热烈的掌声。

1952年,获得奥斯卡最佳女主角奖的雪莉·布丝莱上台领奖时,由于跑得太急,上台阶时绊了一下,差点摔倒。她在致辞时说道:"我经历了漫长的艰苦跋涉,才到达这事业的高峰。"这句应变的开场白简直妙不可言。

在这里,雪莉·布丝莱不小心差点跌倒了,可是,这明明只是一点点小问题,但是,她却说得很"夸张",巧妙地将遇到的这个挫折与拍电影历经的艰辛结合在一起,这既揭示了达到事业顶峰的真谛,同时又化解了险些摔跤的尴尬,可谓一举两得。

每一场成功的演讲,自然都值得让人敬佩!而他们更让人敬佩的是,在演讲出现状况时,还能巧妙化解,比如在跌倒后,能够迅速站起来,用语言化尴尬为欢笑,这是更难得、更精彩的。因为这是一种在意外情境下急中生智出来的"急智",而这种"急智"通常又总伴有不寻常的精彩和人格魅力,使人久久难忘,甚至会传为佳话,永远流传。

第十三节　面对冷场，调动听众情绪

同学们，如果演讲者演讲的内容不是听众感兴趣的，听众肯定不会给予太多的关注，这时候就会出现冷场：要么是单向交流，听众毫无兴趣，心不在焉；要么是双向交流，听者毫无反应，或者为了应付随意地说几句。可以说，冷场的出现，证明了演讲者的失败。演讲者在演讲的过程中如何做到避免冷场，从而起到吸引听众注意力的效果，还能够活跃现场的气氛，激发听众的兴趣呢？

1924年夏，孙中山先生在广东大学演讲，主要阐述了三民主义的要义。然而，现场小，听众多，空气差，有些人已昏昏欲睡，根本没有心思听演讲。这时孙中山先生便穿插了一个故事：香港一个搬运工人买了一张彩票，藏在竹杠里，得知中奖后，以为从此不需竹杠而生活了，便把竹杠抛入大海，谁知领奖必须凭票，他哪儿能找回藏票的竹杠呢？听众打起了精神后，他顺势导入正题：民族主义就是这根竹杠。意思是要反对帝国主义，必须握牢强有力的武器。听众领悟后哈哈大笑，室闷的空气一扫而尽。

人们都是对生活中有趣的事情比较感兴趣，也很喜欢花时间来讨论。在演讲遇到冷场时，适时地讲一些生活中有趣的事情，可以活跃现场气氛。在这里，为了调动听众的兴趣，孙中山就在演讲中讲了一个短小精悍的小故事。这样的演讲似乎无拘无束，天马行空，演讲者似乎也已经游离开去，抛弃了演讲本质。但是，孙中山后面的一句"民族主义就是这根竹杠"，可谓是画龙点睛之笔。这句话不但起到了振聋发聩的震撼效果，而且已经不知不觉中又拉回到了演讲的主题上。孙中山讲的故事，很好地调控了现场气氛，从而为接下来的演讲做了良好的铺垫。

一个香港旅行团一到杭州就遇上绵绵阴雨，因此游客的情绪十分低落。导游对大家讲话，可是大家心思全不在听，导游说："天公真是太作美了。一听说远道而来的客人要游览西湖，就连忙下起蒙蒙细雨。大家还记得苏东坡的那首诗吗？'水光潋滟晴方好，山色空蒙雨亦奇。若把西湖比西子，淡妆浓抹总相宜'，今天我们有幸能亲自感受一下雨中西湖的诗情画意，真是天赐良机啊。"一番话令游客们高兴起来，大家对这个导游的印象也非常好。

面对糟糕的天气，作为出来游玩的游客情绪十分低落、听不进导游的话也是可以理解的。这位导游如果讲得不好，那游客的耳朵还是无法"竖起来"。但是，这位导游却非常巧妙地在这个时候引用了一首诗歌，而且，用诗歌中的西湖之美引发游客们美好的联想，诗歌的语言优美，更容易打动人心，从而开导了游客的心情，接下来的讲话也就调动了游客的兴致。

演讲出现冷场时，演讲者要想办法拉近自己与听众的心理距离，讲听众感兴趣的话题，讲一些能够激起听众共鸣的内容。这样，他们就会把注意力重新放到听你演讲上面，从而打破冷场的尴尬局面。

第十四节　出现口误，妙语化解尴尬

同学们，无论是初次登上讲台，还是经常当众讲话的人，在成百上千的听众面前演讲，出现失误是在所难免的，就是演讲高手，也有马失前蹄的时候。很多时候可能是由于心理紧张，也有时候则是因为不经意间，说话就出现了口误。那么，一旦演讲出现口误，我们该如何补救呢？

一、机智堵漏

某中学是一所有 5000 多人的学校，其中 2000 多人在一座筒子楼里上课，平时常有人在磕磕碰碰中受伤。2010 年 12 月由于国内外群体伤亡事故多发，德育处便安排刘同学在学校升国旗仪式上发表了《珍爱生命 善待自我》的演讲，以引起大家的重视。刘同学在演讲中说："生命，一个多么鲜活的词语；安全，一个多么古老的话题。同学们！一人安全，全家幸福；生命至上，安全为天。曾几何时，人们还在为柬埔寨送水节踩踏事件的 300 多名死难者沉痛不已，我国新疆阿克苏市第五小学，又因为踩踏事故导致几十名小学遇难住院。"讲到这里刘同学便觉得走了嘴——"受伤"才是对的，不应该说"遇难"。她接着说："所幸的是，我这里说的'遇难'是'遇到困难'的意思，41 名小学生的生命受到了严重威胁，他们都受了重伤。这对我们来说，难道还不够洪钟大吕振聋发聩吗？（掌声）生命只有安全才能永葆活力。在安全的问题上，我们务须警于思，慎于行，防范在先……"

出现口误后，我们要懂得堵漏，把话说得圆一点，演讲就会自然流畅一点。

二、即兴拐弯

在高一某班的一次反腐倡廉主题班会上，班长有这么一段演讲："古语说：'鱼为诱饵吞钩，鸟为秕谷落网。'一个人利用手中的权力谋私，贪一己之利，必将身败名裂。最近，在我们山西老家，和我爸很要好的一位叔叔，已经到处级了，因为贪污落马，现在正在服刑。一个好端端的三口之家，就这么妻离子散了。他的孩子也在上中学，在学校吃尽了苦头。"说到这里，班长发现不少同学的目光转向某同学，有的低"嘘"，有的窃笑。原来这位同学的老爸也是因腐败进了监狱。这不等于激发大家情绪，给某同学添堵吗？班长意识到了这一点，便赶紧收口说："其实，人们歧视孩子是不对的。做谁的儿子并不是自己说了算。现在，'血统论'时代早已过去了，贪官有罪，子女无辜，他们仍然可塑可雕可成材，可以做社会的栋梁。他们和我们一样享有尊严和权利！"说着，他的目光也落到这位同学身上，全班同学报以热烈的掌声。

出现口误后，要学会换个角度，转个弯，这样一来，可能就会把口误的危害降到最低了。

三、将错就错

某市人大领导到某实验中学调研考察学校工作，学生会和共青团的学生干部都在座谈会上做了简短的发言。刘小雨（化名）是第一个代表学生会发言的，他说："市政协领导在百忙中抽时间到我们学校来……"一句话没说完，旁边的同学就直捅他："错了，是市人大。"同学一提醒，刘小雨便有所觉悟，改口来不及，就硬着头皮说："……已经是一年前的事了。去年，政协领导来我校考察群众社团工作，促使我们建立了学生会。现在市人大领导又到我们学校来，肯定会给我们学校带来新的变化。我是本校学生会主席刘小雨……"好险！大家都为刘小雨捏着一把汗，哪料他将错就错，把话茬又拉到正题上来了。

出现口误后，可以将错就错，顺着原有的话茬谈开去，最后弥补了说话的失误。

补救演讲失误的方法并非仅此三种，还有很多很多，我们在演讲实践中，还可以不断总结、不断出新，使我们的演讲理论更加丰富。

第十五节　反向立意，演讲新颖动人

同学们经常会很苦恼，为什么我的演讲内容没有新意，不能打动听众？为什么我的演讲内容感觉到很枯燥乏味，听众都没有兴趣想再继续听下去？演讲贵在新颖，反向立意不失为一种有效的方法。要想把这个方法运用好，就要善于逆向思维，敢于"反其道而思之"，从司空见惯的似乎已成定论的事物或观点的相反面深入地进行谋划立意，树立新思想、新观点，创立新形式、新内容。这样，就一定能有新颖独特的演讲。

故事1：有一个男孩在演讲稿《我不感谢妈妈》中讲道："我不感谢妈妈，是她每天罚我站墙角；我不感谢妈妈，是她每天逼我写练习册；我不感谢妈妈，是她每天给我上语文课；我不感谢妈妈，是她每天给我出卷纸；我不感谢妈妈，是她每天让我写生字；我不感谢妈妈，是她教我每天背古诗。没有妈妈，就没有现在的我。我不感谢她，我还能感谢谁呢？"

故事2：还有一个当森林兵的新战士，他在演讲稿《难道我当了"假"兵？》中讲道："到了部队我才发现，电视剧里的军人才是真的，我可能当了'假'兵。我们的训练是'假'的，我以为部队训练里都是炮火硝烟；我们的主战装备是'假'的，我以为军人都是操枪弄炮。到了部队我才发现，没有惊心动魄的千里奔袭，没有激烈碰撞的两军交锋，只有不断重复昨天的生活。就这样，我参了'假'军，到了'假'部队，进行了'假'训练，最后，成了真战士。当地震来袭，天崩地裂，人们惊慌失措，我们冒着余震，抢救生命、疏散群众；当洪水肆虐，一片汪洋，人们流离失所，我们顶着咆哮洪流，加固河堤、疏通水道；当火灾突发，红光漫天，人们捶胸顿足，我们扛着灭火机具，翻山越岭、勇斗火魔。"

故事3：2017年10月，李开复在创新工场兄弟会毕业典礼上，以《祝你们有各种不顺》为题演讲道："我今天想送上我最大的祝福：第一祝你们尽快把学到的统统忘掉。每一个创业都不一样，如果你们把在这里听到学到的，应用在你们的创业上面，那肯定是不合适的。所有的学校，你们能学到的知识都是非常有限的，但是你能学到未来做事的方法，如何长跑，如何坚持初心，这些才是真正的价值。第二祝你们有很多不顺利。一帆风顺的公司是做不长的，我最重要的几个成长都来自不顺利，一个来自癌症，一个来自跟微软的官司。我人生中最大的挫折最后成为我人生最大的财富。有一句话说，那些杀不死我们的，最终能让我们变得更强大。现在我碰到很多挑战时，总会告诉自己，就算再严重也没有得癌症严重吧。"

反向立意法，就是善于突破思维定式，从反面反方向上构思立意，往往会使演讲别有洞天、新颖动人。小男孩的演讲，按常规都会感谢感恩妈妈，但他却独辟蹊径，反其道而行之，在一个又一个"不感谢"的铺垫中，却深深道出了妈妈的不易，照顾孩子最多的、为孩子操心最多的、离孩子的心最近的人，永远是被孩子反感、受孩子怨言最多的妈妈。一句"神转折"的结尾，也彰显小男孩的才情魅力，感动了妈妈，也感动了众多网友。新战士别出心裁，吐槽"当了'假'兵"，生动反映了森林部队的特色，表现了他们是如何成长为一个真正的"森林卫士"的，演讲辞采精拔，跌宕昭彰，独超众类，不仅给人一种新奇感，也引起了战友们的深深共鸣。李开复一改以往"套路化"的正面祝辞，从更有深度、更现实的层面对学员们提出忠告，比起简单直接、辞藻华丽、热情洋溢的正面赞誉和祝贺，更富有警示和启迪意义，更令人掩卷深思。

第十六节　标题响亮，演讲先声夺人

同学们经常不知道演讲标题怎么起，不知道什么样的标题能够吸引人，能够激发听众的兴趣和热情。有人认为演讲和作文不同，只需注重内容，不需要注重标题。这样想是不对的，演讲标题是听众了解演讲的窗口，也是概括主题、展示演讲内涵的一面镜子。选取一个吸引人的标题，能让你的演讲先声夺人，非常重要。

那我们该如何给演讲起一个响亮的标题呢？

一、概括主题

在你通篇的演讲中，一般都会用一句话或者几句话对演讲的内容进行凝练和概括，或者会提炼一些富含哲理又能反映演讲主题的话语。这样的话语，只要进行一下简单的加工，往往就能成为一个不错的题目。

例如，一篇演讲中，最后这样概括主题："即使是在那些成功人士还没有成功的时候，在他们早年'寄人篱下'的时候，或是艰辛的创业时期，他们也从不抱怨。并非他们麻木不仁，或者是个任劳任怨的傻瓜。只是他们太忙了，为了实现理想，他们每天都有一大堆的事要做，一分钟恨不得当一个小时过，哪还有时间抱怨。大凡成功的人，他们是没有时间抱怨的，因为他们的时间都用来拼搏奋斗了！"

这篇演讲的题目便可提炼为："成功的人没时间抱怨"。

二、设置悬念

在演讲中，有些话如果脱离了上下文，会构成很大的一个悬念，但放在文中又合情合理。把这样的话提炼出来作为题目，往往能使你的题目更新颖别致，能增强演讲的吸引力。

例如，著名作家马克·吐温有一段演讲，题目叫作"我也是义和团"。一个美国作家，怎么会是义和团？这个题目勾起了人们的好奇心，人们都去听他的演讲，他讲道："为什么不让中国摆脱那些外国人，他们尽在她的土地上捣乱。如果他们都能回到老家去，中国这个国家将是中国人多么美好的地方啊！既然我们并不准许中国人到我们这儿来，我愿郑重声明：让中国人自己去决定，哪些人可以到他们那里去，那便是谢天谢地的事……在这一点上，我任何时候都是和义和团站在一起的。义和团是爱国者。他们爱自己的国家胜过爱别的民族的国家，我祝愿他们成功。义和团主张要把我们赶出他们的国家。我也是义和团。"原来是马克·吐温先生在呼吁列强不要侵略当时积贫积弱的中国。

三、抒发情感

在演讲中，我们经常会抒情，说一些满含情感的话。把这样的语句提炼出来，作为演讲的题目，往往能使你的演讲更富感情色彩，也更能打动他人。

例如，有位中学校长在新生入学演讲中，说了这样一段抒情的话："每当有新生入学，我都会设想他们三年后的样子！我坚信，三年之后，你们必将走进自己心仪的大学，清华、北大、'985'、'211'，只要你们肯努力，任何一所名校都将触手可及；我坚信，三年之后，你们必将更加成熟、更加懂事，懂得感恩父母的付出，懂得理解老师的辛苦；我坚信，三年之后，你们必将更加强大，不再是父母和老师翅膀下的小鸟，而是能够独自搏击长空的雄鹰……"这篇演讲最后被定名为"我坚信，三年后的你们……"

演讲的标题非常重要，认真给自己的演讲起一个响亮的标题，是演讲成功的第一步。

第十七节 内容为王，演讲充实丰富

同学们有时候发现自己的演讲稿很乏味，没有什么丰富的思想内涵，听众听完了感觉索然无味，甚至没有耐心听下去。从某种意义上说，演讲就是把我们的思想、观点、看法等，通过声音和态势语言等表现形式表达出来。所以，我们通过演讲真正要给听众的，正是我们的思想、观点、看法等，也就是我们演讲的内容。

从这个意义上来说，进行演讲，应该坚持一个原则，就是：内容为王。想要打造优质的演讲内容，应该从以下三个方面进行考量。

一、演讲的主题要新颖、有深度

演讲最忌人云亦云、鹦鹉学舌，因而在确定演讲的主题时，既要契合演讲场合或者演讲比赛的需要，又要讲出新意、讲出深度。

二、选取典型材料

演讲的内容切忌贪大求全，而要选取典型的材料进行讲述。一篇演讲，在有限的时间内是讲不了多少东西的，与其什么都讲，什么都讲不好，不如选取一两个典型事例，讲好讲透。

例如，一篇孝敬父母的演讲，与其列举好多事例，每一个都浅尝辄止，不如选取一个典型事例，深入展开，生动形象地呈现给大家。

例如下面这个事例：

在美国有一个人，小时候，家里穷，母亲去世得早，父亲续弦，继母不疼爱他。后来，继母有了自己的儿子，对他就更加不好，他在继母的打骂中成长，就这样他依然孝敬父母。在一次车祸中，父亲与弟弟身亡。继母失去了丈夫和自己的宝贝儿子，伤心过度，疯了。

在后来的日子里，生活异常艰苦，他一边工作，一边照料继母，还要带着她去看病。疯了的继母对他的打骂更加厉害，骂他对她不好，骂他不让她吃饭，骂他虐待她。旁人不理解，左右邻居、亲戚都骂他不孝。他不解释，依然带着继母看病，一看就是十年。十年以后，继母的病好了，她被儿子的行为感动得痛哭流涕。

后来，他去竞选总统，继母决定帮他拉选票。在他竞选总统的前几年里，连连失利，继母鼓励他继续。那天，在一个很关键的竞选演讲现场，继母突然又疯了，开始打他，骂他，民众哗然。他再也顾不上竞选总统的事了，拉着继母要去看医生。这时，继母突然说："我没有疯，以前的十年里我是疯子，疯了的我一直像这样骂他打他，他不仅不嫌我，依然把我照顾得很好，给我看病。"说着说着，继母抱着他哭了，"这就是我的好儿子！"民众被他的孝心所感动，大家纷纷投他的票。继母的这一举动，使他获得了最高票数，走上了总统的宝座。他就是美国的第六任总统，约翰·昆西·亚当斯。

这段演讲为何感人？就是因为演讲者没有贪大求全，而是选取了一个典型的故事，用生动的语言将这个故事展现在人们眼前，打动了听众的心灵。如果说主题是演讲的灵魂，结构是演讲的骨架，那么典型材料就是演讲的血肉。选取典型材料，才能让你的演讲有血有肉、真实感人。

三、用心刻画细节

如果说主题和结构是一篇演讲的骨骼，那么生动的细节就是一篇演讲的血肉。在演讲中，一定要花心思去刻画细节，上面那个材料，之所以感人，在很大程度上也是因为在细节刻画上很用心。没有细节的演讲，注定是枯燥乏味的。

第十八节　巧妙开场，演讲引人入胜

演讲时，同学们经常不知道演讲如何开场。有句俗话，叫作"好的开始是成功的一半"，对于演讲者来说，好的开场同样是演讲成功的一半。

一、设置悬念开场

把演讲稿中最能吸引人的内容，用倒置的手法提到开头来，造成一种悬念，可以达到吸引听众的目的。

例如，主持人蔡康永在一次演讲中想讲一段著名画家常玉的生平，他本来打算先讲常玉艰苦的求学经历，由此顺理成章地讲述常玉最终取得的成就。可他试着讲给朋友听时，朋友一开头就问："常玉是谁？"蔡康永这才意识到，常玉在业内声名显赫，可在普通人中名声并不高。对于一个自己没听说过的人，听众会有兴趣听他的生平吗？

正式演讲时，蔡康永拿着一本常玉的传记说："我手上这本书，大概只比鼠标垫大一点点，但这么小的面积，如果上面画的是常玉的油画，那么，它现在的市场价格，大概是台币两百万到三百万。"听众的兴趣一下子被调动了起来，蔡康永再讲述常玉的生平时，听众保持了很高的兴趣。

二、引用名言开场

可以引用名言警句，引出演讲的主题。

例如，一位演讲者在演讲的开头就讲道："美国教育家本杰明·梅斯有句耐人寻味的名言：'生活的悲剧不在于没有达到目标，而在于没有想要达到的目标。'这话是极有道理的。这就好像我们去登一座高山，即使因为山路崎岖，我们最终没能达到山顶，但至少我们努力过了；如果我们每天只会对着山顶感叹：假如能去山顶看一次日出，那该多美啊。但却从来不肯迈开自己的双腿向着山顶前进，那么我想，当我们老了，内心一定会有无尽的悔恨！"

三、通过小故事开场

可以用一个简短、生动的小故事引出演讲的主题，吸引听众的注意力。例如下面这段演讲：

我先给大家讲一个故事，主人公是美国射击运动员马修·埃蒙斯。2004年雅典奥运会，马修·埃蒙斯以绝对优势领先，只要他最后一枪不脱靶，金牌就是他的。可是，他最后一枪把子弹打到了隔壁的靶子上，只拿了银牌。2012年伦敦奥运会上，他又犯了同样的错误，只获得了一个铜牌。很多人都说他是因为心态不好才失败的。真的是这样吗？同学们，马修·埃蒙斯的失误确实令人惋惜，但是在全世界70多亿人中，他曾4次打进奥运会决赛并拿到3枚奖牌，怎么可以说他失败呢？我想对大家说的是，心态波动对于学习成绩有一定影响，但是这种影响最多只是让你的成绩从原本该拿金牌变成拿一个银牌或铜牌。就算你心态再好，却上课玩手机、放学玩网游，不思进取，能考出好成绩吗？什么是绝对力量，你的努力和行动就是你学习中的绝对力量。每个人只有在竭尽全力后，才有资格去谈论心态这回事。

小故事具有生动的情节，蕴含一定的道理。用小故事开场，能让我们的演讲开头更富趣味性，吸引听众的注意力。同时，通过小故事蕴含的道理引出演讲的主题，也能让枯燥的道理更生动形象，便于听众理解。

第十九节　制造冲突，演讲波澜起伏

同学们，好的演讲要有波澜起伏的故事情节，要能够激发起听众的兴趣，那么怎么样才能使我们的演讲波澜起伏，深深吸引听众？这就需要制造冲突。演讲中的冲突是表现人与人之间矛盾关系和人的内心矛盾的特殊艺术形式，同时也是演讲中矛盾产生、发展、解决的过程。所谓文似看山不喜平，演讲稿写作不能过于平淡，制造冲突能让一个平淡的演讲波澜顿生，一波三折。

那么该如何制造冲突呢？

一、用对立的人物制造冲突

为你的演讲设置两个或多个对立的人物，通过他们之间的矛盾，给演讲制造冲突，可以让你的演讲一波三折。

例如下面这段演讲：

赵国有一户人家被老鼠害苦了，就到中山国去借了一只猫。这只猫很会捉老鼠，但是也喜欢捉鸡吃。猫来了一个月之后，他家的老鼠快被捉干净了，而鸡也快被吃光了。他的儿子认为这只猫是个祸害，对父亲说："为什么不把它除掉呢？"父亲说："我们的祸患在于家里有老鼠，不在于没有鸡。老鼠偷吃粮食，咬烂衣物，啃坏家具，这样下去我们就要挨饿受冻，这比没有鸡更糟！没有鸡，我们只不过不吃鸡肉罢了，离挨饿受冻还远呢！"古人云："两害相权取其轻，两利相权取其重。"就是这个意思！

这个故事中，如果只有一个人物，就会平淡得多，但是设置两个人物，这两个人物对同一件事有不同的看法和主张，他们之间就形成了冲突，既增加了故事的戏剧性，也突出了演讲的主旨。

二、用对比的桥段制造冲突

演讲中，将两个具有对比性的桥段糅合成一个故事，能增强故事的冲突性，可以让听众对你的演讲印象更深刻。

例如下面这段演讲：

一位教育学家采访了一位事业有成的人士和一位在监狱服刑的犯人，请他们谈谈小时候母亲如何给他们分苹果。服刑的犯人说：妈妈拿来几个苹果，我一眼就看中一个又红又大的苹果，这时，弟弟抢先说道："我要最大的！"妈妈责备他说，好孩子要学会把好东西让给别人。于是，我灵机一动，说："妈妈，我想要那个最小的，最大的留给弟弟吧。"妈妈听了，非常高兴，把最大的苹果奖励给我。从此，我学会了说谎。那位成功人士说，妈妈拿来几个苹果，我和弟弟们都争着要大的，妈妈对我们说："我把门前的草坪分成三块，你们三人一人一块，谁修剪得最快最好，谁就有权得到大苹果！"我们三人比赛，结果，我赢得了那个最大的苹果。母亲让我明白了一个道理：要想得到最好的，就必须努力争第一。

这两个桥段，如果单独地讲，都会逊色很多。但是演讲者将两个桥段放在一起，形成了一个对比鲜明的故事，制造了强烈的冲突，令整篇演讲起到了振聋发聩的效果，给听众留下了非常深刻的印象。

三、用反差的情节制造冲突

文似看山不喜平，演讲中，不是一马平川地叙述，而是设置一些反差强烈的情节，用这些情节给你的故事制造冲突，也可为你的演讲增添色彩。

例如下面这段演讲：

小哈瑞回到家后说："妈妈，我们很穷，是吗？"他们家确实很穷，妈妈听了很伤心！这时候，他的叔叔来到了哈瑞家，当他了解事情的经过后，问哈瑞："哈瑞，我有个病人正需要眼角膜，如果你肯把你的眼角膜给我的话，你将得到两万美元！"哈瑞赶紧摇头。接着，叔叔又说："我在试验一种药水，你愿意参与的话我会给你三万美元，但是滴了这种药水后，大部分人都会变成聋子！"哈瑞再次用力摇头。接着，叔叔又提出用钱换走他的手、脚，他的哥哥、爸爸和妈妈，哈瑞都摇头拒绝！叔叔说："我刚才出的所有钱，加起来已经超过了一百万美元，但是却换不走你任何东西，你难道还不富有吗？"哈瑞感慨地亲吻妈妈，说道："妈妈，我能天天看见你，还有健康的身体，我是富有的人！"

这个故事中，哈瑞一开始觉得自己很穷，通过叔叔巧妙的开导，他最终认识到自己是一个富有的人。故事开头和结尾形成了强烈的反差，故事的冲突也呈现在听众眼前。

第二十节 妙用修辞，演讲生动形象

演讲中，同学们往往不知道如何运用修辞手法，其实好的演讲稿，是要能够灵活运用修辞手法的。如果把演讲比作一个女孩子，那么修辞就是她美丽的服饰和妆容。缺少了修辞的修饰，演讲会淡然无味，而用好修辞，则会让你的演讲生动形象，富有魅力。

演讲中最常用到的修辞主要有以下三种。

一、排比——让演讲更有气势

排比句是把三个或三个以上意义相关或相近、结构相同或相似、语气相同的词组或句子并排在一起组成的句子。例如：思考是开向智慧的一扇明窗，思考是刺向未知迷障的一把利剑，思考是通向成功的一座伟大桥梁。

使用排比句的小技巧：重复。

例如，重复前半部分：

我梦想有一天，这个国家会站立起来，真正实现其信条的真谛："我们认为这些真理是不言而喻的：人人生而平等。"我梦想有一天，在佐治亚的红山上，昔日奴隶的儿子将能够和昔日奴隶主的儿子坐在一起，共叙兄弟情谊。我梦想有一天，甚至连密西西比州这个正义匿迹、压迫成风，如同沙漠般的地方，也将变成自由和正义的绿洲。我梦想有一天，我的四个孩子将在一个不是以他们的肤色，而是以他们的品格优劣来评判他们的国度里生活。

例如，重复后半部分：

饿了的时候有饭吃就是幸福；困了的时候有床睡就是幸福；冷了的时候有衣穿就是幸福。

二、比喻——让讲话文采飞扬

比喻是一种常用的修辞手法，用跟甲事物有相似之处的乙事物来描写或说明甲事物。

比喻＝本体＋喻体＋比喻词。

例如：她穿着一身白裙子站在阳光下，像一朵出水的荷花一样。

比喻在演讲中，不光运用在造句上，还可以用比喻的方式来讲道理，或者阐述自己的理念。

例如：

我们人的生活方式有两种，第一种是像草一样地活着，你尽管活着，每年还在成长，但是你毕竟是一棵草，你吸收雨露阳光但是长不大，人们可以踩过你，但是人们不会因为你的痛苦而痛苦，人们不会因为你被踩了而来怜悯你，因为人们本身就没有看到你。

所以，我们每一个人都应该选择第二种活着的方式——像树一样活着，像树一样成长。即使我们现在什么都不是，但是只要你是树的种子，即使被人踩到泥土中间，你依然能够吸收泥土的养分，自己成长起来，也许两年三年你长不大，但是十年二十年，你一定能长成参天大树！

三、对比——让观点更加突出

对比手法，是把对立的意思或事物，或把事物的两个方面放在一起作比较，让人们在比较中分清好坏、辨别是非。运用这种手法，有利于充分显示事物的矛盾，突出被表现事物的本质特征，加强演讲的感染力。简单地说，就是把两种对应的事物对照比较，使形象更鲜明，感受更强烈。

例如：

有一次，我参加学校举行的模型比赛。一整个星期，我的课余时间几乎都投入到了模型制作的过程中，终于做出了一个自己很满意的模型。我觉得，我是有实力竞争冠军的！正在我看着模型沾沾自喜的时候，我们家的猫也对模型产生了兴趣，我一个不注意，它啪的一下跳到模型上，把我辛苦做出来的模型弄坏了！而此时距离比赛只剩下两天了！我懊恼地说：

"我辛辛苦苦做的模型啊！"开始生气地打猫，猫跳起来乱跑，又跳到了模型上——我的模型彻底碎了！爸爸说："你打什么猫啊？要是一开始就抓紧修模型，不至于这样！"

后来，我看到一个故事：英国史学家卡莱尔经过多年的艰苦努力，终于完成了巨著《法国大革命》。书稿刚成，一位好友就要借去阅读。卡莱尔欣然答应。谁知，过了几天，好友告知卡莱尔，书稿被自己的女佣当成废纸给烧掉了！好友说完这话，本以为卡莱尔会悲痛欲绝，也准备好了承受卡莱尔的怒火。但是卡莱尔却出奇的镇定，好友说："你不生气吗？"卡莱尔说："我没有时间生气，我要马上重新整理书稿！"他还说道："这一切就像我把笔记簿拿给小学老师批改时，老师说：'不行，孩子，你一定要写得更好些！'"

遇到挫折和困难，发怒、生气、沮丧、绝望，这些情绪只会让事情变得更糟。马上整理心情，去做有意义的事情，才能把失败的损失降到最小！

修辞手法是写文章时不可或缺的一种手段，也是演讲中不可或缺的一种手段。善用修辞方法，能让你的演讲形象生动，更加富有吸引力。

第二十一节　炼词炼句，演讲文采飞扬

在演讲时经常会出现一些啰唆重复的词语和句子，使得演讲过于冗长，但是观点却又表达得不明确。好的演讲稿应该做到不多说一句废话，尽量做到词句语句精致凝练。一个优美的句子，一句凝练的话，往往就能给你的演讲增色不少。那么我们在演讲中应该如何炼词炼句呢？

一、收集名言警句，并根据自己的实际需要运用到演讲中

中国有句古话："佳句本天成，妙手偶得之。"这里的"佳句"，并不是真的由上天给你写好了，而是通过大量的阅读积累书中经典的句子。所谓"读书破万卷，下笔如有神"，累积得多了，当你写演讲稿时，当你登台演讲台时，才能不断有灵感涌现，才会有优美隽永的句子从你的口中喷涌而出。

二、积累新鲜、生动的词汇

纽约有一位演讲家，因为句子结构严密、文辞简洁优美而获得了很高的评价。谈到自己的秘诀，他说，每当阅读时发现不熟悉的词，就立刻抄在一个备忘录上。晚上睡觉前，他要先翻翻词典，彻底弄清这个词的意思，以备日后使用。"一天一个新词"，这就是他的座右铭。当下，我们不仅要学会积累词汇，也要学会从网络上去学习词汇。尤其是一些网络新词，运用到演讲中往往能起到幽默生动的效果。词汇多了，句子自然就优美了。

三、模仿

演讲家卡耐基曾说过一句话："每当我读到让我感到特别愉快的书或文章时，我一定会马上坐下来，模仿这些特点。"如果你不知道该怎么遣词造句，不妨找一些类似的东西来模仿，在模仿别人的基础上实现自身的突破，形成自己的特点；另外，模仿那些名人演讲，按照他们的句式特点去修改自己的演讲稿，也是提升自己演讲水平的一种有效途径。

四、修改

有位演讲家提到自己如何炼句时，说："阅读经典散文和诗集，并且毫不留情地删掉作品中没有意义的词句和老掉牙的比喻。"在听演讲或者阅读时，遇到一些自己觉得不太好的句子，尝试着自己去删减、修改，这对自己来说也是一种提高。

第二十二节 构造人物，演讲深入人心

同学们，我们在演讲中，对演讲中人物的选择和把握总是拿不准，选的人物不好，对演讲主题就没有很强的说服力，就无法吸引听众。一场成功的演讲，总要讲到人，可以是自己，也可以是别人。一旦演讲中的人物形象深入人心，就实现了感召听众、影响听众的目的。通常我们会讲自己最亲的人，那么父母就是我们的首选对象，下面我们分别以父亲和母亲为主人公构造演讲，举例说明如下。

一、"凉皮慈父"的泣血演讲缘何震撼全场

"宝贝，你把自己关进了房间，留给爸爸妈妈一片阴雨天。你吝惜每一句简单的语言，喊一声爸爸真的太难。你是天使偏偏降临到人间，上天没有赐你人类的亲情线。因为浓得化不开的血缘，爸爸愿意付出直到闭上眼。你是天使偏偏降临到人间，上天没有听到爸爸许下的愿。这桩心愿如不能了却，爸爸至死也不会闭上眼。"

这是一位叫赵玉琨的父亲写给自己患有自闭症儿子的歌。这位曾经以卖凉皮为生的父亲为爱发声，一段含泪泣血的演讲，让观众泪如泉涌，听众沉浸在伟大父爱的泣血讲述里久久不能自拔——

壮壮，你今年已经 12 岁了，你的大名叫赵子涵。爸爸知道你每次都记不住，但还是要一遍遍地告诉你，万一有一天你会说话了，你要告诉别人，你叫赵子涵，好心人才会把你送回到爸爸的身边。

壮壮你知道吗？你 4 岁多的时候，大小便还不能自控，每天要准备 7 条棉裤来给你换洗。为了让你形成一个习惯性的条件反射，爸爸不得已把你强制性地按坐在痰盂上，不拉你就不能起来。终于有一天，你养成了用痰盂大便的好习惯，我却失望地发现，这也成了一个改不掉的坏习惯。因为没有痰盂在身边，你就不知道该如何大便，要么憋得直叫唤，要么你还

是会拉裤子。

1. 在落差上映衬

天下的父爱都是深沉而热烈的，这位父亲在演讲中通过两个正常生活问题的讲述，映衬"期望"和"失望"两者之间的相反关系，用殷切的期望和冷酷的现实、艰辛的付出与违背初衷的回报相互映衬，在听众心理上造成了巨大的反差并感同身受，对这位父亲所付出的艰辛肃然起敬的同时，对这位不幸的孩子充满了深深的悲悯和同情。

2. 在细节上渲染

壮壮在你8岁多的时候，看着电视剧《乡村爱情》，你突然间笑了。那是我第一次看到了希望，我以为你看懂了，我就拼命地去模仿这些剧中人物，去逗你笑。我模仿赵四，对你说："壮壮你真棒，你真是太棒了！"

那一刻，你盯着爸爸夸张扭曲的表情，依然在呵呵地笑着，但是爸爸的泪水却再也止不住了，你的笑容是爸爸坚持下去的动力。我模仿刘能，学他磕巴腔调对你说："壮壮，你真是爸爸的骄傲！"爸爸多年的坚持，终于有了令人意想不到的结果，为了逗你笑，爸爸由一名街头摆摊卖凉皮的小贩变成了一位模仿秀演员，而你那天的笑，仅仅是一个偶然。

在这里，"凉皮慈父"撷取儿子看电视时一个莫名的微笑，细述父亲为了换得儿子一个"看懂了"的开心一笑而去模仿、去逗孩子、去投其所好，通过对具体细节的描摹和渲染，将一份浓得化不开的父爱揭示得淋漓尽致。直到讲出那句"而你那天的笑，仅仅是一个偶然"，此语一出不禁让天下的父母扼腕泪奔，可怜天下父母心啊！

3. 在情感上烘托

壮壮你知道吗？这12年来，我内心最大的盼望，就是听你叫我一声"爸爸"，为了教你发音，我用从康复中心学来的方法，点燃一支蜡烛，"啊，噗"，把蜡烛吹灭。就是这样一个简单的动作，壮壮你重复了成百遍，上千遍。

终于有一天，你掌握了方法，吹灭了蜡烛。一想到在有生之年，你还能叫我一声"爸爸"，我开心死了！但是，你并没有因此学会怎么发音。反而把它用在十分危险的地方，在爸爸做饭的时候，你去吹煤气灶上燃烧的火焰，差点把自己的头发给烧了！

壮壮我真的不知道，我教你的方法是对是错？难道这又是爸爸的自以为是？爸爸其实十分胆小，爸爸害怕有一天我不在了，你怎么办啊？但是我知道，我写给你的信你可能永远也看不懂，但是今天我在这里演讲，有很多的朋友会听到。有一天，他们一定会给你一口吃的，他们一定会在你迷路的时候把你送回家，希望这一次不再是爸爸的自以为是。

为了教会儿子喊爸爸，"凉皮慈父"用吹蜡烛的方式教儿子发音，然而，付出巨大的努力之后却事与愿违，没有任何分辨能力的儿子连煤气灶也吹，反倒带来了危险。这件事给"凉皮慈父"以巨大的打击，他用近乎自责的心态含泪追问，连续用三个问句求解父子之间的现在和未来，句句含情字字泣血，也让现场的观众再也控制不住自己的感情，在泪水夺眶而出的同时也对自闭症儿童增添了一份关爱之心。

感人心者，莫先乎情。"凉皮慈父"的这篇演讲虽然简短，却在听众心中掀起了情感的风暴，让他们体验到人间的悲情、温情和真情，经受了一场爱的洗礼，从而学会珍惜，对这位父亲肃然起敬的同时也激发了对自闭症儿童的公益之情和社会责任。

二、"寻亲妈妈"的亲情演讲，如何让听众感同身受

同学们，在我们的一生当中，母亲扮演着非常重要的角色，我们无时无刻不感受着母爱的伟大。然而，在我们身边有这样一位母亲，在孩子还不满3岁的时候，突然被人贩子拐走了。时至今天，这位母亲25年的寻子之路，先后为9个孩子找到了亲人，被人们称为"寻亲妈妈"。那么，这位"寻亲妈妈"的亲情演讲，是怎样扣人心弦的呢？

我曾经看到过这样一个消息，在昆明"城中村"，4年时间，有200个孩子被拐，不到一年的时间，云南农妇蒋开芝等36名罪犯拐卖婴幼儿230人，这个数据真的触目惊心。我是一个丢失孩子的母亲，在我寻找儿子的过程中，我帮助过80多名走失的孩子。在我帮助的这些孩子当中，有一个陕西男孩叫张鹏，他对我的倾诉直到现在还清晰地刻在我的脑海里。

那一天，他妈妈给了他和哥哥两毛钱，让他哥哥带着他出去理发。他

们走到一个电影院门口，有一个陌生的叔叔给张鹏吃了一个苹果，后来他什么都不知道了，等他醒来的时候，已经被带到山东他养父母家了。

刚开始他去的时候，又哭又喊要回家，可是每一次的哭喊都换来了一顿暴打，他的邻居劝他，你服个软吧。可是张鹏后来告诉我，他从来没有向他们求饶过，"因为我知道他们不是我的爸爸妈妈，那不是我的家，我长大了以后我要找回我自己的家。"所以每一天晚上，他都要把过去家里边的事情在脑海里面回忆一次。

时隔两年，我带着张鹏回到他陕西那个家，我们看到一个非常破旧的农家小院，而这个小院和张鹏原来给我描述的是一模一样的。张鹏流泪了，哭得稀里哗啦："这才是我的家。"是啊，这才是我的家，有亲人的地方才是他的家。

或许每一个孩子丢失的经历都不一样，但是他们回家的心是一样的，他们会一路走下去，朝着回家的方向

走得那么决绝，那么义无反顾。因为他们在心里边知道，有亲人的地方才会有家。他们回家的心永远不会改变！

"寻亲妈妈"李静芝这段《漫漫回家路》的演讲之所以能打动听众，让听众感同身受，主要是因为她的演讲突出了以情感人。

1. 以伟大的母爱感化人

一个失去孩子的母亲强忍着失子之痛，帮助别人寻找被拐的孩子，因为她完全理解作为一个母亲失去孩子是何等的痛苦。在某种程度上，她把别人的孩子当作自己的孩子，找到别人的孩子也是自己的责任，既可以减轻别人的痛苦，也能让自己得到一种安慰。正如古人说："老吾老以及人之老，幼吾幼以及人之幼。"可以说，天下母亲的心都是一样的，是相通的。这种无私的母爱怎能不令人感动呢？

2. 以亲历细节打动人

她在演讲中讲述了自己搭救被拐儿童张鹏的前前后后，其中的一些细节让听众听后，无不激起对孩子的可怜和对犯罪分子的仇恨。比如，描述张鹏的被拐，"有一个陌生的叔叔给张鹏吃了一个苹果，后来他什么都不知道了，等他醒来的时候，已经被带到山东他养父母家了"；张鹏被拐后"每一次的哭喊都换来了一顿暴打"，因为想家，"所以每一天晚上，他都要把过去家里边的事情在脑海里面回忆一次"；被救之后回到自己家里，哭得稀里哗啦地说"这才是我的家"。没有典型事例的演讲就不丰满，没有令人难忘的细节，演讲就不能打动人。这篇演讲做到了情感人物化，人物故事化，故事细节化，一步一步地把听众带进了她的情感世界里。

3. 以孩子的角度吸引人

在这篇演讲中，孩子才是主角，演讲者从头至尾都从孩子的视角在讲述孩子的心路历程。演讲者一开始就说"有一个陕西男孩叫张鹏，他对我的倾诉直到现在还清晰地刻在我的脑海里"，这样把听众的注意力深深地吸引住了。接下来的故事讲述中也是这样，孩子被拐后怎么反抗，是怎么想的，遭到了哪些非人待遇，回家后又是怎样的情形。这一连串的描述，揪住了听众的心，让听众的心随着孩子的遭遇跌宕起伏。

这个演讲虽短，但字字句句都浸透了演讲者的情感，触动了听众内心最柔软的部位，让听众感同身受孩子被拐之痛，孩子回家之慰。更激发了我们大家，应该坚决地抵制拐卖儿童，没有需求，就不会有人贩子的买卖活动，这更加呼吁大家，要给孩子们一个充满亲情且完整的家！

演讲中，只要我们能让一个血肉丰满的人物形象"立"起来，就能让人过耳不忘，深入人心，从而取得绝好的演讲效果。

第二十三节　幽默诙谐，听众笑口常开

同学们，幽默是思想、学识、智慧和灵感在语言中的结晶，是一瞬间闪现的光彩夺目的火花。幽默在演讲中有着相当重要的作用，它所产生的谐趣，对听众具有巨大的吸引力和感染力。

例如：

呼兰"反讽式"幽默，听众笑声不断

在一期《脱口秀大会》上，选手呼兰作了一篇《爸妈，我就直说了》的即兴演讲，观点新颖脱俗，运用了"反讽式"幽默，听众笑声不断。

小时候，我妈出门回来都会摸电视热不热，我妈对我特别不信任，但我也没有辜负我妈对我的不信任，特别不自觉，一摸就是热的。我就知道了要给电视降温，我给电视降温的方法，就是我发烧的时候我妈给我降温的方法，给电视放湿毛巾，放电风扇吹，对着电扇擦酒精。我妈就把遥控器藏在家里的某个地方，但是基本她出门半小时之内，我就能把那个遥控器找到。后来，我妈没有办法了，就把遥控器放包里，天天背着遥控器去上班，我也不是善茬，我去家电中心配了个遥控器，天天背着遥控器去上学。

父母经常会拿我和其他家的小孩比，在身边的小孩中，我已经是最优秀的小孩了，我妈常常苦于不能拿我跟其他家小孩比。直到我妈看到一本书叫《哈佛女孩刘亦婷》，后来我才知道这本书，给无数的中国小孩带来"终身伤害"。其中有一个情节，那个哈佛女孩的父母，为了训练这个女孩的注意力，让她双手去抓冰，里面详细记录了整个20分钟抓冰的过程，几分钟好冷，几分钟嘴唇发紫，注意力终于训练成了。我妈看到这说得挺好，你也来试一试，她千算万算忘记我是东北小孩了，我最擅长的就是抓冰，给我一块冰，我随便一抓就抓半个小时，抓到后面冰都化了，训练什么注意力，冰化了都没注意到。

长大以后，我现在回到家都没法跟我妈聊天了，她经常给我讲同一个事情，我说妈好像不是这个样子的。她就说你是不是顶嘴，我说，你说一句，我说一句，何来顶嘴之有啊？她说，你是不是翅膀硬了，没法聊了。我跟她说事情，她跟我说顶嘴，我跟她讲逻辑，她跟我聊翅膀。别人都关心我飞得高不高，只有她关心我翅膀硬不硬。而且长到我们现在这个年龄，对父母已经没有什么要求了。儿女不求父母为家做多大贡献，只要不买理财产品上当受骗，什么都好，特别害怕那些卖理财产品的，因为他们对我妈，比我对我妈孝顺多了，嘘寒问暖，也不顶嘴。

我妈说你跟人家学学，我说我也不错，我对我那些客户也可"孝顺"了，现在的社会不就是这样嘛，每个人都在孝顺其他人的父母，你看父亲节的时候，本来可以悄悄地给我爸发条微信说：爸爸节日快乐。但我为什么要大张旗鼓地发一个朋友圈呢？就是因为我还有很多社会上的"爸爸"。前段时间，我妈说帮她看一个理财产品，我算了算，年化率110%，我说，骗人的吧。我妈说怎么回事？这么跟你说，巴菲特忙活一年，就能赚20%，你何德何能？能赚110%。她说巴菲特赚20%是因为买不到这么好的理财产品。我说妈你不光是金融鬼才，你还是逻辑鬼才。

反讽的意思是说此指彼，有时甚至是正话反说，那么呼兰用了哪些"反讽式"幽默呢？

一是用童年趣事，反讽父母管教孩子方式笨拙。呼兰讲童年看电视的趣事，反讽妈妈的监督和管教方式笨拙，自己用多种方式给电视降温，配遥控器，让听众看到了一个孩子的天真童趣。

二是借"哈佛女孩刘亦婷抓冰"的事例，反讽教条的教育模式。呼兰妈妈把书中看到的东西，套用在自己孩子身上，结果没有起到任何作用，这就告诉听众，别人成功的案例，并不适用每一个孩子，要因材施教，不能盲目跟风。

三是讲长大后回家，和妈妈聊天，妈妈总是认为孩子在"顶嘴""翅膀硬了"，反讽妈妈听不明白孩子说话的意思。借理财产品销售员对妈妈的"孝顺"，反讽我们现在的孩子，都知道"孝顺"客户，却不知道孝顺自己的父母，然后讲妈妈买了理财产品，谈到收益之高，和巴菲特收益进行对比，反讽现在理财产品的虚假性。

纵观呼兰的整篇演讲，在一种轻松快乐的氛围中进行，所以运用好"反讽式"幽默，可以使听众更容易接受你的演讲观点，达到出其不意的效果。

生活中，表现幽默的手法有很多种，通常有用拟人表现幽默，用夸张表现幽默，用讽喻表现幽默，用仿拟表现幽默，用反射表现幽默，故意轻描淡写。

幽默的方式：解惑式幽默、形象式幽默、夸张式幽默、曲解式幽默、模仿式幽默。

幽默的原则：内容高雅、态度友善、区别对象、分清场合。

第二十四节　捕捉细节，演讲生动感人

同学们在演讲中，经常不知道如何抓住细节，不知道如何通过细节展现人物的特点，没有细节就没有艺术。没有细节的演讲，就像一块还没有雕刻的泥团，给人一种模糊圆囵的感觉，无法让听众留下生动感人的印象，当然也就无法打动听众。

学生们看到我，对我爱搭不理、耍白眼都是常事，他们在背后黑我，就连议论我的话题都可以押韵，"育才有赵镭，天才都倒霉"，"遇到赵镭，你要发霉"。我听了心里有些难受。期中考试后，我发现班里的小孩连《元素周期表》都不会背。那天我来到教室，撂下狠话："我知道你们在背后黑我，要是明天你们可以把《元素周期表》前30号都背下来，我自黑，我把这瓶墨水从脑袋上倒下去！"学生们沸腾了，个个摩拳擦掌、挑灯夜战，把《元素周期表》都给背了下来。有个学生跑来告诉我："赵老师，昨天晚上寝室里没灯，我是在厕所里背完的，现在想起《元素周期表》都有味儿。"同学们等着看我出洋相，我自然也要履行诺言，拿起墨水从头淋下，自黑到底。同学们吓得目瞪口呆。其实，我早就把墨水换成了百里酚酞，课堂三分钟墨水自然褪去颜色，而学生们也看得非常精彩，我转身在黑板上写下四个大字：褪色原理。

——赵镭《90后老师的非传统教学》

赵镭的这篇演讲给听众留下了很深的印象，其成功之处就是细节的运用。学生编排老师的话、学生在厕所背《元素周期表》、老师把墨水倒在自己头上，这些生动的细节，无不让听众感到新奇，让他的演讲充满了趣味性，它们将一个与学生斗智斗勇的老师形象塑造得非常丰满，听众也为这样的老师大声叫好。

大家都记得，去年非常流行的一个动作——"航母style"，大家都觉得非常酷、非常帅，对不对？其实舰载机起降，对所有拥有航母的国家来说，是一个要重点攻克的难题。舰载机的刹车非常难，一般的机场跑道长达几千米，但是飞行甲板不会超过 300 米，可以利用的也就 100 米左右，航母舰载机飞行员的风险系数是航天员的 5 倍，普通飞行员的 20 倍！最惊险的其实是飞机降落的那一刻，整个气流会让甲板震动，像地震一样。飞机降落时，舰载机的钩子必须钩住阻拦索，让舰载机瞬间刹车，在 3 秒钟内停住，这些都是在航母运动的情况下完成，整个动作被称为"刀尖上的舞蹈"。阻拦索被称为生命线，西方国家认为中国不可能完成这样的任务，也曾经狂傲地说"中国不可能制造出合格的阻拦索"。但事实证明，我们不但做出来了，而且让俄罗斯的海军专家看了之后评价说"比现在俄罗斯唯一一艘在役的库兹涅佐夫号航母的阻拦索更先进"。

—— 古丽帕丽·乃比江《女儿尽展深蓝志》

为了说明舰载机刹车的难度，演讲者用了一组细节来讲述，机场跑道与航母甲板长度的对比、飞行员安全系数的对比、飞机降落时如发生地震一样、3 秒钟要刹住车等，这些细节让听众感到震撼，体会到"刀尖上舞蹈"无比艰难。听到这些，听众对科学家们、对航母舰载机飞行员的崇敬心情便会油然而生。

有了细节，演讲就有了血肉；有了细节，演讲就有了神韵；有了细节，演讲就有了个性。因此，每一个演讲者都应该重视对细节的打磨和运用，用最独特、最新颖、最有感染力、最具代表性的细节，让你所说的事件、人物立体起来，进而打动听众。

第二十五节 巧妙牵引，听众顺藤摸瓜

同学们在演讲中，要学会设置演讲脉络，通过一条主线，巧妙牵引，让听众顺藤摸瓜。顺藤摸瓜，是指根据某个线索查究事情。在《我是演说家》第二季总决赛中，选手刘轩以一篇《担错为勇》夺取了总冠军，在这篇演讲中，他以偷寿司为线索，顺藤摸瓜地讲述了一个自己偷寿司的前后心理变化和感悟心得，一波三折的情节让听众听得兴味盎然。

开篇旁引，露出"藤头"

我念大学的时候，宿舍旁边有一个小商场，有很多的小吃摊，其中有一个卖寿司卷的，老板是个韩国老先生，非常和蔼可亲，我们都叫他寿司叔叔。有一天，我在宿舍看到一位同学抱着六七盒寿司回来，坐在那里吃得很开心。他说："你吃吗，给你一盒。"我就坐在那边跟他一起吃寿司。然后，他说："寿司叔叔的店打烊之后，寿司是可以随便拿的。他平常都会做很多寿司，到了晚上八点以后，他就开始半价出清，到了十点打烊之后，卖不完的就放在冰柜里。后来，我发现了那个冰柜没有上锁，就直接可以拿了。"我说："旁边有写免费吗？"同学说："没有，可是这个寿司一过夜的话，寿司米就会硬掉，硬了就不好吃，是没有办法卖的，第二天肯定会全部报废丢掉，我是在帮他消除库存。"我听了觉得好像也有那么一点道理。

演讲一开始，刘轩并不是讲自己偷寿司，而是讲另一个同学"拿"寿司的事情，并对同学关于"拿"寿司行为的辩解产生心理认同。这种旁引术看似平淡，实则暗藏玄机，它等于抛出了一条"藤"，让听众摸到了触点，产生这样的联想：这个同学拿了寿司，刘轩也会去拿吗？也说明了自己为什么会去偷寿司的心理动机。这样一来，为他下面的演讲埋下了伏笔。

承接语境，揭示"藤干"

又隔了几天，我很晚从图书馆回宿舍，路过寿司叔叔的摊位，那个冰柜果然没上锁，我就拿了一盒出来。忽然，有人在喊："喂，你在偷寿司？"我转头一看，一个保安站在那边。于是，保安给寿司叔叔打电话，问他要不要报警。寿司叔叔却要我接电话，他很严肃地说："我再问你一次，你有没有偷我的寿司？"我说："有的。"寿司叔叔说："为什么偷？"我说："因为我肚子饿，反正你也卖不掉，丢了就会浪费。"寿司叔叔解释道："年轻人，我卖不完的寿司，我不丢，我捐。我在附近有很多家餐厅，每天有很多卖不完但还新鲜的食材，都捐赠给附近一个专门照顾流浪汉的庇护所。你今天偷的这个寿司，是一个无家可归的流浪汉深夜的晚餐，而你是鼎鼎大名的常春藤名校的学生。你今天自作聪明，觉得拿寿司好像很合理，但是你明明知道这是错的。你只在用你那个聪明的脑袋，而没有用你的良心。"他说的每一句话像石头一样打中我，我听得非常难过。沉默了好久，我说："对不起，我错了。"

刘轩偷寿司被保安抓获，并接受老板的教育过程，它承接上一段的语境，由他及己地把听众心中的猜想和疑惑明明白白地呈现出来，就像盖着黑布的魔法箱，此时的黑布已经揭开。老板的寿司并不会浪费，而是用来捐赠。刘轩的偷不在于一盒寿司本身的价值，而是伤害了受赠人的利益。如果说上一段听众还只是摸到"藤"的前端，此时已握到了主干。

连续翻转，呈现"藤节"

之后，保安叫我跟他一起走到寿司叔叔的摊位前，他拉开冰柜的门，说："老板交代让你自己拿几盒寿司，他要我转告你，这个是以良心送给你的礼物，希望你以后多多用心。"我说："我真的不能拿。"保安说："你就拿吧，老板已经交代了，你起码拿一盒。"我很不好意思地拿了一盒。走到街上，一阵冷风吹来，我缩着脖子拿着那盒寿司，心里感到百般愧疚。在哈佛广场附近，晚上的时候真的有很多流浪汉，我看到一位流浪汉，在一幢大楼的拱门里坐着，我就把那个寿司给了他。我觉得那个时候，寿司叔叔愿意放我一马，可能是因为我坦诚地认错，他知道我不是那种惯犯，他给了我一辈子都无法忘记的宝贵教训。

刘轩讲了出人意料的两个拐点：一是老板并没有处罚刘轩，而是让他自己再拿寿司；另一个是刘轩把失而复得的寿司送给了流浪汉。这两个拐点相辅相成，第一个拐点为第二拐点作了铺垫，第二个拐点是第一个拐点的结果，这个结果也是刘轩主动担错换来的。他的反思牢牢地扣住了演讲主题，通过故事的曲折展开让听众摸到"藤"的中心。

前后照应，摸到"藤瓜"

我有一个哈佛的同班同学，上个月被逮捕了，美国的证券交易委员会起诉他操纵公司的股价、做假账，金额高达数亿美金。我听到这个消息非常震惊。为什么呢？因为这个同学就是当年教我偷寿司的那个同学。所以，今天一盒寿司，明天两个货柜，后天三笔假账，所有东西都变得合理化，如果你用那个聪明的脑袋去蒙蔽那个善良的良心。所以，让我们都勇敢地做一个敢言者，让我们做对的事情，说对的话，让我们相信人善良的一面。在哈佛商学院，有一位非常著名的经济学家克莱顿·克里斯坦森，他有一堂很受欢迎的课，题目是"如何不去坐牢"。他跟所有学生说："你们未来一定会享有极大的权力，迟早会面对极大的诱惑，需要极大的勇气来诚实地面对自己，你需要勇气来坚持做一个有原则的人。"我觉得这或许就是勇者敢言的最终的一个精神。

到演讲的最后，剧情再次发生翻转，由己及人，回到了开头所讲的那个同学身上，那个同学的不良下场既出人意料又在情理之中。这样的布局，不仅起到了前后照应的效果，还反证了老板说的那番话和刘轩自己的反思，强化了演讲的主题，听众也终于摸到了"藤"上的"瓜"——"勿以恶小而为之，勿以善小而不为"，也就是"担错者勇"。

顺藤摸瓜术由于线索清晰，所以便于演讲布局和故事的铺陈。但要注意的是，在布局时不能过于平淡，必须注重起伏，安排好节点，让听众的摸瓜过程有"山重水复疑无路，柳暗花明又一村"之感。如此才能让听众余兴未尽，趣味盎然。

第二十六节 诗词串联，演讲妙趣横生

同学们在平时的学习中积累了大量的诗词，但是不知道如何把自己积累的诗词穿插在演讲中，增加自己演讲稿的厚度和深度，体现出自己的文化内涵和修养。其中，清华大学学霸杨奇函的一篇《诗词之美》，在社会上引起了极大的关注。其中，这篇演说最大的特点是串联诗词，使整个演说充满诗情画意，妙趣横生。

你不用出屋，就能通过"海上生明月，天涯共此时"，感受那波光粼粼皓月千里的豪迈。你不用出屋，就能通过"窗含西岭千秋雪，门泊东吴万里船"，感受那银装素裹下一叶扁舟的潇洒。诗歌给了我们什么？给了我们小生活中的大格局。

面对这些差距造成的不公平，杜甫会怒斥什么？"朱门酒肉臭，路有冻死骨。"战争给社会生产造成的破坏，家破人亡，曹操会怎么感慨？"白骨露于野，千里无鸡鸣。"你再比如，这个空空世界是很无聊的，李商隐怎么宽慰我们？"嫦娥应悔偷灵药，碧海青天夜夜心。"所以中国古诗词告诉我们每个人要关注民生，关注实事，先天下之忧而忧，后天下之乐而乐。

全世界不管我们走到哪儿，只要你是中国人，当你发现你浪费粮食的时候，你肯定会想起那句长辈的责备——"谁知盘中餐，粒粒皆辛苦。"只要你是漂泊远方的游子，你想念家乡的妈妈，你肯定

能理解那句"慈母手中线，游子身上衣"。只要你背井离乡到他乡求学和打拼，当你累了你想家了，你望着天上的明月，你肯定会想起那句"举头望明月，低头思故乡"。

当你垂垂老矣，三十年后万里归来，你已不是那翩翩少年，你只是那垂垂老矣的一位老先生的时候，站在你家的门口，迎接你的肯定是"儿童相见不相识，笑问客从何处来"。而你心里想的肯定是那句"人面不知何处去，桃花依旧笑春风"。

所以面对今天这个时代我想说，传统文化需要回归。儿不嫌母丑，不是说今天中国强大了我们爱国，当年中国弱小了，我们就不爱国。中国的文化，让我们中国在强大的时候彬彬有礼，在弱小的时候坚韧不拔。因为我们都是流淌着中国血、会说中国话的中国人。

正是因为有了中华文化，而不是任何其他的东西，我们的民族大气磅礴，我们的生活诗意盎然，它是我们每个人的骨气和底气，它也是我们每一个人文化自信源源不绝的动力。

中华诗词辉煌千年，九州同济万古流传，壮哉我中华诗词绵延不断，雄哉我中华诗词洋洋大观，奇哉我中华诗词星移斗转，美哉我中华诗词春色满园！

纵观杨奇函的这篇诗情画意、卒章显志的演讲，具有以下三个特点值得我们学习：

首先，列举现象，表达深情。诗词是表达感情最好的载体。杨奇函列举"你不用出屋"的现象并串联一组诗词，意在阐释诗词能带给我们小生活中大格局的精彩，表达出对诗词浓厚的情感。诗词的内容本身就是抒发真挚感情的，听众在感受诗词美妙和精彩的同时，也自然会深深体味到中国诗词的作用之大。

其次，牵连古今，描绘生活。杨奇函运用从古到今、推人及己串联诗词去描绘生活，目的是让演说充满诗意和哲理，让听众充分感受到诗词作为中国传统文化的瑰宝之一，其功用无处不在，诗词之美无时不显。运用诗词串联描绘生活，既让演说充满诗意美，也让听众对美妙无比的诗词学习充满期待和向往。

　　最后，呼唤回归，卒章显志。诗言志，串联诗词卒章显志是很好的选择。杨奇函深情呼唤传统文化需要回归，一句"儿不嫌母丑"，情真意切，感人肺腑，有力地表现出演说的主旨，让听众认识到传承传统文化的意义重大而深远，增强了演说的鼓动性和说服力。结尾串联诗句作结，铿锵有力，音韵和美，卒章显志，给听众产生余味无穷之感。

　　演讲中，巧妙串联诗词，能够表达演讲者真挚的感情，向听众展示美好的未来，凸显演讲者不凡的知识储备和文化素养，这也是杨奇函取得演讲成功的重要原因。

第二十七节 剥茧抽丝，揭开演讲主旨

同学们，一篇演讲稿，我们最重要的是要体现演讲的主旨，通过我们的讲述，让听众听明白我们所要表达的观点和主张，从而达到感召听众的目的。剥茧抽丝，意思是根据顺序寻求事物的发生发展过程。演讲中，我们通过剥茧抽丝的方式，循着事物发生发展的过程，一步一步地揭开演讲主旨，使听众感同身受。

由浅入深，递进剖析

"舌尖上的任性"与一些人的不良消费习惯以及谋利冲动有关，而相关法律的漏洞和短板，也不容忽视，如果将来在执法过程中"网开一面"，非法行为仍旧会死灰复燃。吃"野味"在中国有很深厚的社会土壤，民间对于"食药同源"理念的执念，让野生动物频频上了某些人的餐桌。不少食客误以为"吃啥补啥"，他们认为越是野味，越能"养生"。这其中，也有炫耀身份的畸形消费观念在作祟。实际上，尽管食物的种类繁多，但营养素的种类通常只有蛋白质、脂类、维生素、水等六类，人们能吃得到的野生动物，基本上都是非法所得，未经严格检验。更要命的是，人们在诱捕这些动物的时候，通常会下致命性很强的药。所以倘若食用这些野味，非但谈不上"养生"，反倒是"害生"。

——姬贺礼《舌尖上的任性》

"舌尖上的任性"为何屡禁不止，死灰复燃？演讲者由浅入深，先从法律漏洞和社会土壤多个层面谈起，剖析这一问题的根源，是由于人们"畸形"的消费观念在作祟，再分析问题的实质，这种观念不是"养生"反倒是"害生"。以递进剖析的方式，让主题呼之欲出，那就是拒绝食用野生动物，我们要做到尊重自然、热爱自然，与大自然和谐相处。

由小到大，顺时剖析

　　长到 8 岁就再也不长个的吴秀菊，在一次演讲中这样说自己：大学毕业后，我开始找工作，碰壁 50 多次后，有个面试官开玩笑地跟我讲："我们要是用了你，还不得说我们招用童工呀。"几经波折，家人在工地给我找了份工作，我开心死了，高高兴兴去上班。领导第一天给我安排的工作是看图纸，第二天是叠图纸，第三天是打印图纸。三个月过去了，我还是处于看图纸、叠图纸、打图纸的循环里。领导不安排工作，我就自己争取。我主动帮同事去工地现场看施工进度，还没进大门口，被看门的大叔拦住了："嘿，小朋友，到别处玩去。"之后就"砰"的一声把门关上了。有一天，我接到一个有技术含量的活，加班加点做了两个月，接近尾声时，去找领导核对数据，领导很惊讶地说："你还干这个活呢，这个活不用做了。"那一刻我觉得自己被雷劈了，连知觉都没有。我 24 岁了，我已成年，为什么要把我当一个孩子去对待？这个世界是公平的吗？我相信我来到这个世界是有着特殊使命的，我要完成它。

——吴秀菊《小个子的传奇》

　　吴秀菊讲述了自己因为长得像 8 岁的小孩，在找工作和工作过程中屡屡受挫的遭遇，几件事情按照时间发生的先后顺序环环相扣，起到了逐步放大自己特点的作用，把一个长不大的姑娘的形象塑造得非常丰满，听众从她幽默的讲述中，体会到了她内心的悲怆和苦闷、乐观与坚强。这为她后面所要表达的心声起到很好的烘托作用，也使得听众更清晰明朗。

第二十八节　结尾升华，演讲回味无穷

一篇演讲稿的结尾，对于整篇演讲来说至关重要。很多同学不知道演讲如何结尾升华主题，加深听众对自己演讲的印象。所谓"编筐编篓，重在收口"。一篇演讲的成败，和它如何收尾也有很大的关系。收尾收得好，能让你的演讲回味无穷，给人留下深刻印象。

常用的结尾方式有以下三种。

一、引用名言警句，为演讲画龙点睛

名言警句之所以能够广为流行，是因为它们在极短的篇幅内，蕴含着丰富的含义，而且清新隽永，耐人回味。我们引用名言警句来总结、概括自己的演讲，给演讲结尾，能起到画龙点睛的作用。

例如，在《超级演说家》节目中，刘小溪的演讲《乌云背后的幸福线》就是这样结尾的："每一次看到妈妈给我送完饭，离开的背影，我就想到龙应台《目送》当中的那一句话：'所谓父子、母女一场，只不过意味着，你和他们的缘分就是今生今世不断地在目送他的背影渐行渐远。你站在小路的这一端，看着他逐渐消失在小路转弯的地方，他用背影默默地告诉你：不必追。'"

二、发出号召，激发大家的行动

我们进行演讲，有的时候是为了号召大家行动起来去做某事，比如号召大家努力学习、热爱家乡、懂得感恩等。我们可以直接发出这种号召，作为我们的结尾。

例如，初雯雯在一篇呼吁大家保护野生动物的演讲《不要伤害我的朋友》中，是这样结尾的："保护的前提是了解，我希望我今天说的那么多，能够呼吁更多的人和我们一样去爱护动物，我们一点点的付出就可以挽救它们，而挽救它们也正是挽救我们自己。希望大家都可以有一颗爱着野生动物的心，能够让这些神奇的生灵可以和我们一起继续和谐地生活在这个美丽的蓝色星球上。你们能听懂我的心声吗？"

三、总结升华，加深听众对演讲的印象

我们写作文的时候，经常会用总结升华的方式来结尾。在演讲中，我们同样可以用这种方式结尾，总结升华自己演讲的主题，加深听众对演讲的印象。

例如，演讲《优秀是一种习惯》是这样结尾的："人哪，总是会恶性循环和良性循环。你把这件事做好了，就可能件件事情会做好。如果一件事做不好，那么件件事情都做不好。如同读书，比如你今年获得了三好学生，可能明年国家奖学金就会光临你。做工作、做人也是一样。是的，优秀是一种习惯，成功是一种积累。当你前一件事做好了，下一件事就会更顺利、更容易。当你习惯了将每一件事都做好了，你不可能不优秀，不可能不成功！"

演讲结尾的方式还有很多种，关键是要适合你的演讲。适合的才是最好的，选用最适合的方式，给自己的演讲来一个完美的收尾，你的演讲才能更具有感染力和号召力。

第二章　精选演讲稿分析

当家的少年

演讲者：宋美良　　指导老师：熊书毅

"故今日之责任，不在他人而全在我少年。"作为新时代的少年，新中国的未来，我们青少年是建设祖国的小当家。在学校，我是学生会主席；在班上，我是班长；在家里，我是小管家。我很乐意别人叫我"当家的"，因为那是一种信任。我很乐意做个"当家的"，因为当好家，是一种责任。

一年前，我还是一个稚气未脱、胸前飘扬着红领巾的少先队员，一年后，风华正茂、激情四射的我在祖国改革开放40年之际，带上了团徽。作为学生会主席，我需要带领好各班优秀学生代表，负责每天"日常规检查"的上报。每逢学校大型活动，还要提前写维护秩序的备案，逐个逐个地通知。活动结束了，嗓子哑了，脚站酸了，我也不会半点马虎。经过我管理的学生会，戴着红袖套的队伍，就是一道亮丽的风景。当老师、同学、家长向学生会投去赞许的目光，我心里都少不了开心和激动。

作为班长，协助老师管理好班级，也不轻松。别的不说，就说我们班的那头"铁牛"吧！那"铁牛"啊，三天两头被请到各种办公室喝茶，是个不折不扣的"皮皮虾"。有一次自习课，那头"铁牛"一边优哉游哉地靠在椅子上，一边抓起美味薯片往

嘴里送。我转过头，与那"牛魔王"四目相望，他竟无动于衷，仍旧吃得津津有味。我走到他的座位旁，恶狠狠地用我的火眼金睛盯着他，他立马噤若寒蝉，把背立得直直的。每一节自习课都需要我兼顾学习的同时，以身作则，严厉地监督每一个同学，谁叫我是当家的？为了帮助每一个同学，为了让老师少操心，我责无旁贷。

一到过年啊，我和弟弟的口袋里少不了一个又一个红红的压岁包。弟弟还小，保管他压岁钱的任务自然就落在我身上。我把我和弟弟的每一笔"小收入"都写得清清楚楚，那笔"巨款"一对账，分毫不差。家人们信任我，也让我当他们的"零钱管家"。"当家的，我需要一点钱买菜！"我立马从我们的"小金库"里取出钱，做记录。拿钱缴费是我的事，取钱记录还是我的事。我公私分明，决不把个人的小开销跟集体的大开销混淆，当家作主，"清正廉洁"。

如今的祖国蒸蒸日上，今天，我当的是一个小家，明天也许我会当一个大家，给我几千万人、几亿人、十几亿人，我也会让人民放心，让国家满意。

习近平总书记说："国家进步靠青出于蓝而胜于蓝。"我们青少年生逢其时，就要忠于祖国，练真本领，做实干家，让青春在奉献中绽放，让人生在奋斗中出彩，做祖国真正的当家者！我当家，我快乐，我成长！我是当家的少年，宋美良！

演讲提示

演讲者在稿件撰写过程中，紧扣主题，材料选择是从身边的故事取材，真实，接地气，有感染力，有画面感；语言的运用朴实无华，有讲述感，这样很容易拉近和听众之间的距离，很好地展现了一个当代少年"小当家"的风范，从小的切口，折射了大的梦想。

结尾的升华部分，略显仓促，从管弟弟的钱，一下拔高到了"几千万人、几亿人"，拔高到了"让人民放心，让国家满意"的高度，有些突兀，结尾感情的抒发，如若更符合小学生身份一些，反而会让听众更加青睐。

中国，了不起

演讲者：战帅晔　　指导教师：刘宝丹

　　我的手中，有一款手机，这款手机是个神器。生产它的只是一家深圳的民营企业，却引发了世界级的经贸"战争"；我的手机还很神奇，它让列强看待中国的眼光，从不屑变成恐惧，它让中国科技一夜成名！同学们，你们知道这款手机的品牌吗？（答：华为手机）

　　对！这就是华为手机。这就是中国制造，这就是十年前、二十年前、三十年前、四十年前和我们一样的小学生长大后创造的中国奇迹！中国，了不起！

　　我从未见过我的爷爷，听老爸说：爷爷是个大工匠——八级钳工，无论多大的齿轮，他都能用拼出的大纸绘出一个同样大的模具图纸，就是传说中的"鲁班放大样儿"！数据啊，分毫不差。可有一次，爷爷被一个 3 米的大齿轮难住了。我爸爸说：多简单，按正弦正切画。爷爷骂了一句：你懂个啥？当爸爸用 16 开纸算好数据，画好图纸以后，爷爷愣了，意味深长地说：小子，你真行！爸爸没文化真是吃亏啊，改革开放了，日子越来越好，你要好好学，好好干，我供着你。你瞧着，咱中国一定会越来越好。咱中国，了不起！

　　1985 年，我老爸成功考上了省警校，可每次回家看我爷爷奶奶，又成了难题，挤火车，倒汽车，火车挤得不能再挤，汽车颠得不能再颠，才 300多公里的路程，12 个小时才到家。今年五一，我们从小城牡丹江坐上了直达北京的高铁，1600 多公里的路程啊，9 小时 45 分就到了，爸爸一声长叹：中国，了不起。

　　是的，中国，了不起！有哪个国家和政党，时刻把"为人民服务"装在心里？有哪个国家和政党，能用 40 年时间，实现从"赶上时代"到"引领时代"的伟大跨越？有外国政要评论说：中国的发展速度，甚至让人来不及惊讶。了不起！

中国，了不起！中国的高速公路 13 万公里，谁人能及？中国高铁九横九纵，3 万公里，谁人能及？震撼世界的桥梁 10 个有 7 个在中国，桥隧建设谁人能及？吹沙造岛让南海小岛变成城市，谁人能及？我们忙完了自己又去帮非洲和欧洲的国家，9 亿劳动力支撑起的宏伟基建、"一带一路"、量子卫星、华为 5G、空间站、无人机、北斗卫星导航系统、超级计算机军团、天眼射电望远镜……真是数也数不完！

同学们，我们要让大家都知道，中国了不起！我们才不要娇气，我们才不要躺在父辈的功劳簿上沾沾自喜，我们是骨子里吃苦耐劳的中国人。让中国因为我们，而了—— 不—— 起！

演讲提示

演讲者风格的划分，有很多种，反差最大的就是娓娓道来型和慷慨激昂型，一种是春风拂面、润物细无声，一种是字字铿锵、语不惊人誓不休，那么本文的演讲者就是典型的慷慨激昂型，大家可以从他演讲稿的行文中看到，多处用到有气势的语句，而且利用"中国了不起"，作为全文的金句，在演讲中多次出现，贯穿整场演讲，既能营造氛围，又能调动观众情绪，这一点是值得大家学习的，因为演讲最大的目的就是感染和感召听众，演讲者可以结合自身的演讲风格，酌情学习和使用。

当然，结尾处如果能再加入一些我们这一辈青少年应该怎么做的号召，就更加完美了。

一座能治愈孤独的美食之城

演讲者：华夏　　　指导老师：张静

大家好！我是华夏，是一名典型的吃货。从吃来说，我想我比各位都要幸福！因为我来自美食之都重庆，我还有一位一级厨师的爸爸。

作为这座城市里的厨师，老爸每天都在研究菜品，开发重庆美味。

记得他做的一道菜叫"焖烧鸡"，由三人协作，一气呵成，让人垂涎欲滴。老爸说这道菜的秘密在于姜的运用，每个季节仔姜和老姜味道不同，姜和鸡的比例也会发生变化。一只鸡半斤姜，根据鸡的重量做出微调，每盆鸡控制在3.8—4.8斤。如此用心的口味调配，老爸花费了半年的时间，实验了139次，才获得最终配方。如果配方里还有什么值得推荐，看不见的调料则是耐心和责任。

我时常看老爸做菜，喜欢看他做小面的"油辣子"：如何让"油辣子"的辣味和香味达到平衡，这是极其微妙的学问；也喜欢看他给小面打调料：只见他左手拿着2—3个面碗，右手熟练地从每个调料碗中挑出适量调料，你可别小看了这个动作，它需要右手手腕的巧劲儿，才能在电光石火的瞬间准确地将调料送进每一只碗中。最精彩的要数看他给重庆火锅炒料了：牛油、花椒、辣椒、豆瓣、姜，简单的五种调料，炒制它们却需要经验的积累：不够，缺少香味；过了，就是失败的焦煳。

老爸说，小面调料的搭配暗合了金木水火土五行的规则，而将此运用自如的，莫过于重庆菜中的麻辣味。当辣遇上麻，这种让人叫绝的天作之合，碰撞出精彩绝伦的极致口感，是要告诉你：辣是一种性情，麻是一种态度。而重庆美食之所以能得到全世界人民的喜爱，还在于它的包容性，它在麻辣的基础上，又能将酸、甜、苦、咸、鲜、香等各种美味包容进去。就像重庆人的性格，爽直中带几分热情，热情中夹几分真诚，就是这样，火辣辣。

　　我为有这样一位父亲感到幸福，他让我吃遍了人间美味。我也曾为有这样一位父亲而感到沮丧。他13岁背井离乡，在餐馆打工，是靠自学和摸索，取得一级厨师的牌照。其间，他开过小面馆、火锅馆、江湖菜馆等，几十年风里雨里，过着平稳的日子。而他只要看着有那么多人喜欢吃他做的菜，就比中了500万还幸福。我一直不能理解他的这种小富即安。去年，一个大佬开出了80万的年薪聘请他去做私人厨师。我当时喜出望外，认为这是我们家改朝换代的机会来了。而他，却断然回绝了！我那个气啊。又跳又叫、又哭又闹地跟老爸大吼：都是做菜，为啥子就不能去吗？只见他瞪了我两眼，什么话也不说，把自己关进了厨房。一会儿，端着一碗热气腾腾的小面出来，对着还在抽泣的我说：吃吧，哭累了！我本想怄气地转身离开，却实在抵不过小面的香味，就开动筷子吃起来。老爸说：还是喜欢这个味儿哈？麻辣啊，是我们的根啊！我怎能忘本呢？现在虽然还没让你过上富裕的生活，但有这么多人喜欢老汉做的菜，就说明老汉的手艺是可以的。儿子，让别人得到幸福就是我最大的幸福啊。我听着爸爸的话，泪如雨下，泪水流进面碗里，我将面、菜、佐料、汤，吃得一滴不剩。

不得不说，我的父亲其实是重庆数以万计餐饮经营者的缩影。他们出身贫寒，却在数年的历练中成了"武林高手"；他们为守住家乡的麻辣，拒绝诱惑不忘初心；他们用时间的魔术，成就一个个新的美食记忆；他们用不变的情怀，让无数走进重庆的人不再难过和恐惧，在食物里找到归途；他们用永不止步的努力，铸就了一座可治愈孤独的美食之都。

美食是城市的灵魂，每一座城市都有自己的味道。当你不知道去哪儿的时候，就叫上几个朋友来重庆吃几顿吧，对着美食说："你好，重庆。"

演讲提示

演讲者对材料的选择既生动又典型，从做厨师的父亲讲到重庆的美食，从而彰显一座城市特有的地域文化、风土人情，这个设计是很巧妙的。我们知道要写自己的家乡，可以选择的切面很多，可以描写和歌颂的点也很多，但是要如何在共性中寻找个性，如何在众多材料中找到既熟悉又和听众能产生强烈共鸣的故事，是一门学问。

另外演讲者的语言风格，接地气、口语化，同样能拉近演讲者和听众的距离。当然，如果在结尾升华部分，把一方水土养育一方人，把重庆美食所代表的重庆的文化基因、地域特点、历史血脉等，写得更深刻一些，就更加完美了。

"苣苣菜" 旅行记

演讲者：李东娜　　　　指导老师：无

俗话说得好："人是铁，饭是钢，一顿不吃饿得慌！"别看我体形标准，我可是个十足的吃货呢！您别不相信！那是因为，我的"厨神"奶奶，有一个让我尝尽天下美食而不被肥胖困扰的绝招——"苣苣菜"！"苣苣菜"还有一个让人们备受同情的名字：苦菜。提起这苦菜，我们一家人却和它有着割不断的渊源。

奶奶常说："苦菜苦，不及当年的生活苦哪！"奶奶生活在旧社会，在那个积贫积弱的年代，无数人靠"苣苣菜"熬过了饥荒年，度过了"鬼门关"。但是坚强的人们却始终在贫瘠的土地上辛勤劳动着，因为人们坚信：只要勤劳，就一定能过上好日子！

1978年，改革的春风吹遍祖国的大江南北。农村实行联产承包责任制，爷爷奶奶带着爸爸耕耘在自己家的田地上。这时的饭桌上，陪伴"苣苣菜"进入人们口中的先是黄澄澄的玉米面窝窝头，后来又变成了白白的大馒头。随着我家的搬迁，"苣苣菜"也从农村来到了这繁华的城市，均衡家人的营养，调剂着我们的生活。

去年5月，我和家人回老家探亲。在家乡的绿色生态种植园里，我不仅看到了饭桌上的"苣苣菜"，还看到了好多叫不上名字的蔬菜、水果！乡亲们在乡村振兴战略的指引下，盖起了新楼房、引进了采暖设施、用上了先进的电器。小康生活离我们越来越近了！如今，苦菜茶、苦菜护肤品正乘着复兴号列车，在高铁上日夜奔驰。它们跻身于上海无人码头集装箱里，飞奔在港珠澳大桥上，忙碌于"一带一路"沿线，用健康和美味构建人类命运共同体！是啊，绿水青山就是金山银山！

爷爷说：吃"苣苣菜"，就是让我们不要忘记养育我们的大山哪！是啊，不忘根，就是不忘初心！不忘根，就是要爱祖国，立志向，有梦想！

雄关漫道真如铁，而今迈步从头越！2020年，我14岁，祖国全面建成小康社会的时刻将由我们见证；2035年，我29岁，祖国基本实现现代化的美好蓝图将由我们绘就；本世纪中叶，我50多岁，美丽的强国梦想将由我们实现！到那时，我要让苦菜绿色生态产品成为一张中国名片；我将站在广阔的世界舞台上，告诉全世界：这些绿色产品来自我的家乡，而我，来自中国！

演讲提示

我们在写演讲稿的时候，总希望能够做到"以小见大"，但往往最难的是寻找到一个大主题的小切面，在这方面，本文就是一个成功的典范，很好地将中国改革开放经济腾飞的宏大叙事，通过身边随处可见的"苣苣菜"进行呈现，既贴近生活，又能真实地反映社会进步和人们生活富裕带来的变化，我们在撰写演讲稿的时候，都应该苦思冥想，去寻找这样的载体和媒介。

有点小缺憾的是，从爷爷辈转折到自己的地方，还不够自然，整个演讲稿也相对短了一些，若适当地丰富一下素材，会使全文更饱满一些。

我骄傲，我是重庆人

演讲者：李佼翼　　　指导老师：张静

大家好！

我是李佼翼，今天我演讲的主题是：我骄傲，我是重庆人！

今年是改革开放 40 周年，也是重庆成为直辖市的第 21 个年头。21 年的风风雨雨，21 年的潜心发展，重庆发生了翻天覆地的变化。年轻、时尚、现代化到让无数人向往，闲适、温暖、烟火气到让人想立刻定居。这一切都要归功于"直辖"。

而"直辖"这个词，在我们家还有着特殊的意义，因为 1997 年 6 月 18 日是我亲爱的姐姐出生的日子，也就是说姐姐是和直辖重庆同年同月同日生的幸运儿。所以姐姐从生下来开始就被赋予了很高的期望，而姐姐也从来没辜负大家的期望，一直延续着她的幸运人生：她 16 岁即高中毕业考进了美国斯坦福大学，随后顺利读研，现在她已是斯坦福大学的经济学博士生了。去年底，我们全家去到美国参加姐姐的毕业典礼。她的老师、同学、朋友们对她的称呼把我惊呆了！你们知道叫她什么吗？CHONG QING 或者 QING。后来知道我们是姐

姐的家人后，不断地对我们说"beautiful""HOT POT"，我顿时有种身为中国人、身为重庆人的荣耀感。

姐姐说，这还不算什么，平时几乎每周这些"歪果仁"都要到她宿舍去缠着要她做重庆火锅或重庆菜吃，还总是要姐姐教他们学说重庆话，而影片《重庆森林》《从你的全世界路过》《火锅英雄》《法国女孩在重庆》里那些关于重庆的场景都被他们如数家珍。他们更计划着什么时候到重庆旅游、到重庆供职，从各方面想着要跟重庆扯上一点关系。

我看着姐姐在介绍这些时眼里所流露出的自豪，深深地感到一个国家的强大和家乡的振兴对一个人的影响有多大。那是一种发自心底的自信和背后有个强大祖国强大家乡的从容。

是的，我们中国强大了！我们重庆变好了！我们山城儿女同心同力，仅用21年时间便将重庆建设成了让人羡慕的现代化一流城市。

你看，1997—2018，21年的时间里，重庆连建了几十座跨江大桥，成为名副其实的桥都。重庆成为长江中上游地区经济、金融、商贸物流、科技创新和航运中心的枢纽！运行6条城市轨道交通，开通多条国内外直达航线。魔幻交通令人称奇！

而重庆人智慧凝结的美丽山城，成为所有游人争相打卡的旅游胜地！

是的，一个超级城市，容得下所有梦想。她用事实证明，重庆远比我们想象的更好。

而即便现在的生活舒适且满足，3300万重庆人依然不会停止向上的步伐。在我们的骨头里刻着绝不服输的誓言，激励着我们不断向前，永攀高峰！

因为我们是"英雄城市"重庆的后代，我们必须是永不止步的山城人！我们生活在这么优秀的城市，我们必须为她骄傲！也必须更加努力！让自己配得上她。

姐姐说：明年，是她回到重庆回报重庆的时候了！她要把她所学的一身本领贡献给这个超级城市。

我知道，这是一种"我必须是你近旁的一株木棉，作为树的形象和你站在一起"的对重庆献上的最高致敬！

我很崇拜姐姐，更为自己也是重庆人而骄傲！我会和姐姐一样作出同样的抉择。而今天，我更想为这个带给我们无限惊喜和荣光的城市送上祝福！

祝愿重庆：行千里，致广大！

演讲提示

　　我们说一篇好的演讲稿，要有温度、高度、角度和深度，这一篇演讲稿选择的角度就很好，通过在国外求学的姐姐对国际友人介绍重庆的故事，颇具新意，独具视角地对家乡重庆进行了赞美和歌颂。

　　如果在结尾处，拔高一下稿件的深度，把家乡的腾飞和祖国的强大，把重庆在国外引起的关注和盛誉，以及中国国际地位的不断攀升等进行联系和挖掘，就会让每一个中华大地上的听众，对演讲者要抒发的骄傲感、自豪感更加感同身受。

一本崭新的书

演讲者：王海峰　　　　指导老师：陈磊

大家下午好！我是来自重庆求精中学的王海峰。今天我演讲的题目是：一本崭新的书。

在我们渝中区求精中学里，有这样一个清洁工人，我听说他已经在清洁工的岗位上做了 30 多年了。有的人叫他"老杨"，也有人叫他"杨大学问"。我之所以对这个清洁工感兴趣，就是因为他一有闲暇时间，就总要找机会在教室后面听语文老师讲课，他也只听语文课，因为他十分喜欢中国的一些文学作家及他们的作品。慢慢地，他不仅知道了传统国学经典《国风》《离骚》，还对当今的流行作家刘慈欣也知晓不少。在我看来，他颇有些小说《天龙八部》里"扫地僧"的色彩。

记得，那是一个初秋的下午，带着些许寒意，我走进教学楼，看见老杨一个人坐在那里，粗糙却干净的双手捧着一本书，如获至宝般的埋头品读。那书很新，封面很素雅。走近一看，是路遥的《人生》。对于路遥的《人生》，我也很喜欢，我告诉老杨，以后要是有什么心得可记得跟我分享。老杨立刻面露喜色，眼里泛着光。从他眼里，我看到的是一个最普通的清洁工人对当代文化的认可和渴求。

因为改革开放，一些中国作家或多或少地受到西方文学流派的影响，所以当莫言的作品摆在西方人设置的高傲无比的展台上时，这样极具魔幻现实主义色彩的作品让那些西方人瞠目结舌，哑口无言。他们真没有想到中国的文化软实力竟然能与国家硬实力发展齐头并进。我很自豪，我的祖国能够在注重政治、经济、科技飞速发展的同时，并没有忽视文化实力的提升。这正好与钱学森院士临终前的遗言——"科技不仅要发展，文化、艺术都要发展"相吻合。电视剧《媳妇的美好时代》在非洲热播；纪录片《舌尖上的中国》征服大批海外"粉丝"。这些接近中国广大人民群众实际生活的文化作品能够被国际文化市场所接受、认可，无不彰显着改革开放40 年中国文化软实力的提升与发展。

老杨轻声咳嗽了两声，随即从衣服口袋里掏出一支极旧的签字笔来，在他那本崭新的图书《人生》上工工整整地写下一行小字：请保持这本书的崭新。我当时很诧异，我问老杨你为什么不写上自己的名字，而写这样一句话？他告诉我，因为他要和别人换书看，他希望每一个拿到这本书的人都能够爱惜这本书。我打趣道："老杨能把这书借我看看吗？"他说行，但你得让这书新下去！

不久后，老杨邀请我到他的"工作站"。那想必就是一个活脱脱的"老杨书屋"吧！可当我走到学校底楼里面的那个小夹层，看到一张孤零零的桌子上摆着一本字典。他饶有兴趣地向我介绍道，去年的高二升到新校区去了，很多学生嫌字典太重就给扔了！老杨讲到这，颇有些可惜的语气。他一页一页地打开，像是翻开饱含沧桑的族谱，又像是浏览"书中黄金屋"一般。原本垃圾堆里一本本铺满灰尘、破旧不堪的书，到了老杨手里却变成了一本本崭新的书。

现在，我终于明白了，为什么人们给老杨起了个外号——"杨大学问"。原来，这"大学问"是挤时间偷听到的，这"大学问"是刻苦学习到的，这"大学问"是珍惜知识获得到的，这更体现着习总书记提出的"文化自信"。翻开那本崭新的《人生》，阅览崭新的字典，再次看到那熠熠发光的九个字"请保持这本书的崭新"，我心如潮涌，久久难平……

谢谢大家。

演讲提示

我们经常会讲"托物言志"，其实这个"物"，有的时候也可以是人，因为正是每一个平凡的个人在见证着社会的进步、文化的变迁、经济的发展，本文就很好地利用了这一点。通过爱读书的清洁工人"老杨"，来折射中国的文化自信。老杨虽然只是一个个体，但又代表了千千万万的中国劳动大众，这样的人物选择，比较类似于著名导演周星驰拍电影时对角色的处理，总能通过小人物讲述大道理。

如果全文能够把结构再做调整，把中国文化自信的那一段整体放在文章结尾作为升华，就会更加符合逻辑。

祖国繁荣　小家锦绣

演讲者：李郁　　　　指导老师：吴树超

去年的这个季节，我也站在了这个舞台。一年了，我有了一点小小的进步：大家看，我穿的这件旗袍，上面的盘扣都是我自己盘的！别致的蝴蝶盘口配上了绣花前摆，我喜欢用自己的想法装点自己的美丽。

其实，我的这点本事都是妈妈教的，这件旗袍也是妈妈做的，我只是添了一点点小光彩，是不是算得上锦上添花呢？

很小很小的时候，依稀记得姥姥坐在床边盘丝的模样：穿花蝴蝶般的飞针走线，出神入化的手法，紧紧吸引住我的眼神。姥姥总说"学技艺要心、眼、手同时配合才能把本领学到"。那时不懂，现在好像明白了一些。

后来，大了一点，想起妈妈的工作间里，满是各种各样的面料、丝线、颜料、珠片，那时觉得好玩，便偷偷地把这些材料拿来学着妈妈的样子摆弄着。就这样，一天又一天，一年又一年，我学会了编盘扣、绣花、布艺手绘。

妈妈说，手绘盘丝服饰技艺传到她这代已有一百多年的历史了。以前呢，都是口口相传，客人们是上门求货。家族传承的技艺虽精，但知道的人却并不多。

这些年，好像突然从某个时刻起，许多人来到家里找妈妈了解手绘盘丝的情况，电视采访、电台介绍，妈妈还常常去大学里给师生们讲授家族技艺，分享手绘技法的艺术心得。妈妈的作品还走出国门，为外国人展示中国传统技艺的风采。

一天，妈妈告诉我，我们的技艺属于非物质文化遗产，所有的非物质文化遗产项目都是国家鼓励发展的、大力支持的。这真是太好了，我为妈妈感到高兴，为我们家感到高兴。

后来，我慢慢意识到，只有国家发展了，人民生活富裕了，属于传统技艺的非物质文化遗产才会有发展的蓬勃春天。我们的小家，是因为国家的繁荣，才能有锦绣般的绚丽。

生逢锦绣时代，是我们全家的幸运，也是我的幸运。作为手绘盘丝的小小传人，我当然要把这份家族技艺发扬光大！

在家庭的影响下，不仅仅对手绘盘丝，我对很多中国传统技艺都有着浓厚的兴趣，我代表学校参加"非遗中华"制作技艺展，团扇作品受到一致好评；参加书法和绘画比赛，作品多次获奖；课余时间作为妈妈的小助手一起进校园、社区去讲课。

现在，我为妈妈感到无比自豪。希望有一天，妈妈同样会为我感到自豪。我知道，这份技艺，不仅属于我，属于我们家，更属于我的国家——中国。

妈妈常对我说"要做有文化自信的中国人"。今天，再次站在这个舞台，我要再一次发自肺腑地表达：祖国繁荣，小家锦绣。我要为祖国的繁荣尽力，我要为民族技艺绘制出一片锦绣前程。

我的演讲结束，谢谢老师们！

演讲提示

演讲者选材新颖，从身边讲起，从自己讲起，作为"手绘盘丝的小传人"很好地把自己一路走来的体会在演讲中活灵活现地进行讲述，使整个稿件非常饱满，有感染力，再巧妙地把非物质文化遗产得到重视和祖国的发展链接在一切，不得不说是匠心独运，很好地以小见大，在这方面演讲者是下了一番功夫的。

当然，如果结尾处，不只是单纯地提到锦绣的行业，也能把中华大地其他的各行各业的发展，和时代的发展进行结合，我相信效果会更加凸显，整个主题的升华将达到新的高度，稿件气势也会更加磅礴。

春风万里

演讲者：韦一　　　指导老师：周莉欣

大家好！

我来自山城重庆，我的家乡还有另外一个名字——桥都，所以今天我想跟大家分享一个关于山和桥的故事。

我的爸爸是70后，出生在改革开放的年代；而我是00后，生活在享受着改革开放成果的新时代。从小，听着"改革春风吹进门"长大的我，在今天，看到了"改革的春风"跨越万水千山，吹遍中华大地。

2018年10月24日，被外媒誉为"世界新七大奇迹"的港珠澳大桥正式通车啦！伴随着新闻的介绍，我看到爷爷和爸爸眼里闪着泪光。《新闻联播》里的这个人叫韦东庆，是港珠澳大桥管理局的党委副书记，也是爸爸口里常念叨的韦大哥，更是一个真真正正的重庆人！

其实，我的爷爷和爸爸都是桥梁建造者，而我和爸爸的童年都是在等待父亲回家过年的岁月里度过的。每年过年爸爸总会对我承诺"明年暑假带你去游故宫、爬长城"。可他开的永远都是空头支票。我是多么希望每天晚自习放学能看到他来接我的身影，我也多么希望当我参加各种比赛时，他能在台下给我投来鼓励的眼光。但整整10年过去了，我从6岁长到了16岁，从小学生变成了高中生，这些愿望依然没有实现。直到去年暑假，我和妈妈去看望连续4个月没回家的爸爸时，我才真正理解了他为什么总不能兑现诺言。

我们赶在太阳下山前来到了爸爸的工地：挖掘机、推土机的轰鸣声震耳欲聋，重型卡车来回穿梭，扬起的尘土让我的小白鞋瞬间变成了小脏鞋。推门进屋，眼前是堆满了图纸的书桌和单人床，最显眼的是墙角的那一排沾满泥浆的解放鞋。失神之间，爸爸拉着我们来到他常说的"美味食堂"：拥挤的工棚里，嘈杂声此起彼伏，没有凳子，也没有桌子，大伙都端着饭盒，有的围在一起，有的蹲在门口，还有的干脆坐在了满是灰尘的水泥口袋上。看到这一幕幕，我的心像被石头压着般难受。当我在家里嫌弃饭菜不好吃时，我的爸爸正在这里过着如此艰辛的生活。是啊，这里不仅有我的父亲，还有成百上千的孩子们的父母……他们背起行囊，远离亲人，来到这寂寞荒凉的深山，为家人谋幸福，为祖国搞基建！昏暗的灯光遮挡住了我湿润的眼眶，爸爸却在笑盈盈地介绍今晚的"明星菜品"。回想当初对他的抱怨，我实在是羞愧难当！我知道，此时我站在这里演讲，而我的父亲可能正在重庆贵州交界的大山里挥汗如雨。我还知道，在广袤的中国大

地上，还有成百上千的路要修，还有成千上万的桥要架，正是千千万万个像我父亲、像韦东庆叔叔这样的筑路人，凭着一股逢山开路、遇水架桥的闯劲，凭着一股水滴石穿、绳锯木断的韧劲，用勤劳、勇敢、智慧创造着一个又一个桥梁史上的奇迹！

今天，当五星红旗飘扬在港珠澳大桥上时，当那一声声的欢呼和赞誉传来时，我似乎明白了爷爷和爸爸眼里的泪水，它或许饱含着架桥时的艰辛，饱含着对家人的愧疚，更饱含着对腾飞祖国的深深热爱！

我骄傲我是筑路人的后代，我更骄傲我能生活在这样一个见证着改革开放成果的新时代。或许将来，我也会像我的祖辈、父辈一样，成为中国桥梁建筑者的一员，乘着改革开放的万里春风，用我的青春，用我的一生，为祖国架起通往中华民族伟大复兴的桥梁！

演讲提示

中央电视台中文国际频道副总监王文昌先生在《中央电视台2019挑战主持人大赛》中点评时说道，2019年3月，习近平总书记在全国宣传思想工作会议上强调，要不断增强脚力、眼力、脑力、笔力。一位优秀的新闻工作者要有"四力"。本文就是脚力的典型代表。我们在谈中国腾飞的时候，往往都会谈嫦娥升天、蛟龙探海、高铁名片、5G时代和文中出现的港珠澳大桥，但大多都是泛泛而谈，难免隔靴搔痒，因为演讲者都只是了解皮毛，双脚没有去到他所描写的现场，而这篇稿件之所以打动人，是因为演讲者和其他人不一样，他和港珠澳大桥之间有真实的连接，他有真正地走近和走进港珠澳大桥，一线的声音总是最有力量。

文明礼仪满人间

演讲者：梅滘银　　　指导老师：熊书毅

大家好！

我是梅滘银，今年 11 岁，现在就读于贵州瓮安县第五中学，是一名即将升入六年级的小学生，今天我演讲的题目是：文明礼仪满人间。

中国是一个文明古国，一个礼仪之邦，透过学习《礼仪之美》，我深深明白了一个微笑、一句问候、一个动作，都能够体现一个人的修养。见到老师主动问好；坐公交车时，主动给老人让座；别人说话时不能插嘴；等等，这些都是文明礼仪。

然而，文明礼仪也是需要刻意练习的。那是一个星期六的中午，我和妈妈一起去逛商场，炎热的夏天，我口渴极了，便在商场里买了一支冰棍，边走边吃，惬意极了。三下

五除二我就吃完了冰棍，想都没想，随手就将冰棍扔在了地上。我刚走两步，突然，后面传来了一阵稚嫩的叫喊声："姐姐，姐姐！"当时我也没在意，以为不是叫我，就继续往前走，谁知就在这时，一个小妹妹跑过来扯着我的衣角，很有礼貌地对我说："姐姐！你怎么能乱扔垃圾呢？你应该把垃圾扔进垃圾桶里呀！"听了小妹妹的话，我羞愧极了，红着脸捡起地上的冰棍棒，飞快地扔进垃圾桶。从此以后，我再也不乱扔垃圾了，每当我看到地上的"流浪垃圾"时，都会主动把它们送回自己的"家"，这就是我学会的社会文明。

这个假期，我来到了亮剑演讲与国学夏令营，学到了很多东西，熊老师教导我们：遇到老师教官和同学时要主动挥手问好，上课发言时要举手示意，和别人交友时要握手问好，你不伸手，他又怎么握住你的手呢？在这8天里，我不仅懂得了怎样练习好口才，更在实践中懂得了文明礼仪的重要性。

中国，拥有着五千年的丰厚底蕴，其中尤以礼仪闻名，荀子曾说："人无礼则不生，事无礼则不成，国无礼则不宁。"由此可见，礼仪的重要性不仅在于个人，更在于国家，为了传播我们中国的美丽名片，我们每一个人都要遵守礼仪。让家里、校园、社会处处都有文明，让礼仪之花在各地绽放，并且永远灿烂、美丽、圣洁！

谢谢大家！

演讲提示

　　演讲者的行文风格、口语表达非常符合11岁这个年龄，看待问题的方式和视角，也非常吻合这个年龄层次，这是非常难能可贵的。在过往我们给各地的演讲老师做培训，强调大家可以给学生的演讲稿进行指导和简单的润色，但绝不能代笔，然而还是会经常在全国比赛的舞台上，听到明显成人视角和成人写作手法的演讲，我们真诚地呼唤好稿件，但更加诚挚地呼唤真稿件。

　　给的建议是如果文章结尾能就"捡垃圾"的事情继续阐述和升华，以小见大，推己及人，主题会更加深刻。

抢　滩

演讲者：杨　阳　　　指导老师：刘红廷

同志们，朋友们，大家好！

我来自重庆黔江，是一名新闻记者。

在这里，我想先给大家出个题：您知道全世界集装箱吞吐量第一的港口是哪个港口吗？

对，就是咱们中国的上海港！

去年，是改革开放40周年，我随重庆黔江电视台专访组，走进了全世界最先进的上海港。在采访的过程中，我才惊喜地发现，上海港每十个工人当中，就有一个是我们黔江人。30多年前，他们来到这里，抢滩成功，为全国脱贫攻坚积累了成功经验，为改革开放书写了壮丽华章！

1988年，是改革开放的第一个十年，已经有很多的农村劳动力开始走出家门，走进城市。但是此时的黔江，70%以上人口是土家族、苗族等少数民族，而且有着很浓的"饿死不离乡"的传统观念。这个不足50万人的地方，贫困人口竟达35万之多。黔江区委区政府的领导深知，只有进行大规模、成建制的劳务输出，才能快速摆脱贫困。于是，在国务院扶贫办的牵线搭桥下，第一批50名贫困农民来到了上海港，开始了长达30年的奋斗史。为了摆脱贫困，为了挣到更多的工钱，他们每天工作8个小时不停歇，每包200多斤的袋子用肩膀扛、用手搬。他们肩膀上的血印，手上的老茧，指甲缝里渗出的血迹，就是当年工作的真实写照。

"为人最实诚、工作最吃苦"是当年上海港领导对首批黔江籍港务工的评价，并承诺，只要用工需要，首先招用黔江的农民工。

消息不胫而走，"一年土，二年洋，三年回家盖楼房"的顺口溜传遍黔江大街小巷。黔江区委区政府以上海港为主阵地，面向全国有序组织贫困农民外出务工，不仅实现了"一人务工、全家脱贫"的目标，还帮助大家实现了从"打工赚钱"到"心怀感恩""成人达己"的价值转变。

　　咱们就说土家族的汉子冉隆泽吧。冉隆泽是家里的独生子，为了帮助家里摆脱贫困，1993年来到上海港，经过培训，成了一名农民工身份的消防员。1994年5月23号，一艘满载着878名旅客、92名船员、8辆轿车、2只集装箱的"长征号"客轮在驶离码头后发生火灾，上海港水上消防队接到火警后，正在附近巡逻的冉隆泽和他的战友们，立即登船灭火。机舱里，大火中两只装满近300吨的储油罐在高温中已开始膨胀，一旦发生爆炸，后果不堪设想。冉隆泽临危不惧，立即拿起水枪投入战斗，水柱不停地扫射在储油罐上，火趁风威，无情的火焰渐渐包围了他，面对死亡的威胁，他没有退却半步。经过连续6小时的扑救，大火终于被扑灭了，确保了近千名群众和船上所有物资的安全。但我们黔江人民的好儿子、年仅23岁的冉隆泽却光荣地牺牲了。冉隆泽成为上海市人民政府追认的唯一属于农民工身份的烈士。

　　除了冉隆泽，还有获劳动部等八部委表彰的陈清瑜；连续受到温家宝、李克强两任国务院总理接见的李俊、获"上海十佳青年"称号的谢玉昆等300多位黔江籍农民工，先后获得国家、省、市和上海港务局的表彰。

　　这就是黔江的农民工，改革开放的排头兵！正是有了他们和全国数以万计农民工的不懈奋斗，才有了"深圳速度""上海速度"和日新月异的

"中国速度"。在华夏儿女大步奔小康的征程中，农民工们必将为祖国辉煌抒写出更加炫美的华章！我为黔江的农民工点赞，我为中国的农民工感到骄傲！

谢谢大家！

演讲提示

　　一篇好的演讲稿、一次好的演讲呈现，要做到几个言之：言之有礼、言之有物、言之有序、言之有情、言之有理。其中，言之有物在演讲稿的撰写过程中体现得尤为重要，这篇演讲稿就是言之有物的典范，演讲者选择既有共性又有个性的冉隆泽的故事作为演讲稿框架主体，以具体时间、地点、人物、事件起因、发展、高潮、结果为文章血肉，完整饱满地承载了整篇演讲想要抒发的情感和发表的意见。

　　如果一定要吹毛求疵地给予一些建议，结尾处在歌颂和点赞农民工的同时，能够号召听众们向农民工学习，给予基层劳动人民更多的尊重就更好了。

它们回来啦

演讲者：阿智江永索南　　　　指导老师：牟燕

大家上午好！

很高兴能站在这里进行演讲，我叫阿智江永索南，来自西宁赛区，今年五岁半，是一名幼儿园中班的学生，我的家乡是青海玉树。我要演讲的题目是：它们回来啦。

我的祖国有着万里河山，好看的地方数不胜数，等将来我长大了一定要去祖国的各个地方看一看。虽然很多地方都是好山好水，可是在我心里，我觉得我的家乡青海玉树才是最美丽的地方。今天我想在这里跟大家说一说我家乡的生态环境的变化，让更多的人知道它美丽的样子！

我们玉树藏族自治州在青藏高原，青海省南部。古诗中"风吹草低见牛羊"就是我家乡的景象，有三大原始林区，气候只有冷暖无四季，还有独特的高原景观和民族风情。很多人都喜欢去我们的三江源旅游，因为那里已经发现了 33 种重点保护植物，可以说是动植物生存的天堂呢！

说到这，我想问一下大家：

你们见过金钱豹吗？我见过！浑身金灿灿的毛发，清晰的纹路就像铜钱一枚一枚镶在身上，可真美！

那你们见过白唇鹿吗？我见过！耳朵又长又尖，纯白色的下唇，第一次见到还以为是油漆化的妆呢！

嘿嘿，那你们肯定也没见过黑狼吧！因为黑狼目前只在青海三江源出没！它长着一身黑毛皮，会凶猛地捕猎藏羚羊！

你们肯定觉得我很幸运，能够见到这些保护动物！可是，爸爸妈妈说曾经青海很贫瘠、环境恶劣，我难以想象这些动物过着怎样的生活。

在很多年前，由于过度捕猎、生态遭到破坏导致金钱豹的数量越来越少，它们的生存环境也变得越来越差，但现在惊喜地发现在玉树东仲林场至少有 9 只金钱豹！而且不仅有这一种动物生存，通过专业设备共观察到 17 种兽类，其中包括雪豹、白唇鹿、棕熊、黑顶鹤等 5 种国家一级保护动物。

因为满足黑狼生存环境的地方实在太少了，人们最开始对于它们并没有形成明确的保护意识，所以黑狼就渐渐地消失在人们的视野里，但是在玉树的其他野生动物得到了很好的保护，生活环境也得到了改善，濒危野生动物得到了生存繁衍。在三江源还拍摄到了一直非常稀有的雌性黑狼，首次证实了黑狼在我们中国的野外存在。而我们藏区的生态系统之所以恢复得快，那是因为藏家人知道生态环境的好坏对于他们来说有多么重要，所以小孩子们从小就会被家中教导，不随便踩花草，我的奶奶就跟我说过，如果踩了就不会长个子，如果杀死小虫子身体会出痘痘，等等，渐渐地就会养成从小爱护小动物的品质，于是我们玉树的生态环境在一天一天地变好。

我知道习爷爷说的一句话,"绿水青山就是金山银山"!我知道我们玉树能够变得越来越好是因为那些叔叔阿姨的辛苦付出!所以我很感谢付出爱心和保护生态的人,让很多小动物、植物有了一个能够继续快乐生活下去的家,我希望其他地方的小动物、植物也能有一个适合它们生活的地方,希望通过我的演讲能够让更多的人听到、感受到、真正做到:保护动物、植物和生态环境,因为我想让地球妈妈越来越年轻!我想让我们的山川河流更壮阔!我想让更多的小动物、植物回来!

演讲提示

我们听众在听小选手演讲的时候,首先要明确一点,我们正在听一位五岁半的小朋友在讲述他的家乡,所以我们对主题的升华部分,也许不用那么苛责,但是选手还是很惊艳地在结尾,发出了一个孩童纯真的呼唤和希望,这是值得欣喜的。

整体演讲内容有血有肉、有细节、有画面,当然笔者也建议,在这个基础上,可以让演讲者本人,在稿件中寻找到更多的参与感,更多的链接,这样抒发出的情感会更真挚,只是简单地说"见过金钱豹""见过白唇鹿"还是略显单薄,不够深入,这也给所有的演讲者做一个友情提示,如果大家是写身边的故事,一定要让"我",也就是演讲者本人,有足够的参与感。

三张照片的记忆

演讲者：吴思奇　　　指导老师：卢祖容

亲爱的朋友们，大家好。首先我想问大家一个问题，在场的有谁是没有照过照片的吗？看来大家都有过照相的经历。在照片里，也浓缩着我们大大小小或喜或悲的记忆。而我对于成长的记忆，也都浓缩在我手里的这几张照片里了。

大家请看，这是三岁的我。是不是很可爱呢？穿着一套红色的儿童博士服，偏着脑袋，瘪着小嘴巴，一脸的呆萌表情。这一年我开始上幼儿园了，妈妈说我最不认生了，一到幼儿园就跟小朋友们打成一片，玩得不亦乐乎。但是，也许是太小，不懂清洁卫生的缘故，我得了"呼吸道感染"住进了医院，妈妈说医院开了两次病危通知书，吓得她一连几晚都没有睡好觉而守在病房门口。于是出院后妈妈就立刻带我到照相馆里去，让摄像师用"傻瓜相机"为我拍下了这张照片，妈妈说红色象征喜庆，希望能给我带来好运。而小孩子，总是忘性大，出院后的我很快忘记了病痛，反而缠着妈妈，非要她带我去照相馆，看看照片有没有冲洗好，看看自己的样子是不是美美哒。幼年的记忆真是甜蜜与酸涩相伴，期待与折磨并存。

大家请看，这是五岁的我，手拿小红旗和爸爸妈妈还有奶奶在北京天安门广场的合影。这一年奶奶查出脑袋里长了肿瘤，经医院多名专家会诊得出的结论是最多还有三个月的时间，妈妈说奶奶最大的心愿就是想坐一次飞机，到北京天安门广场去看看，于是就有了这张照片。得益于时代的发展，数码相机让我们照完相后立刻就拿到了照片。拿到照片的那一刻，奶奶脸上挂满了幸福的微笑，一点也看不出被病魔折磨的模样。照完相的几天后，奶奶就永远地离开了我们。她是在睡梦中安详离去的，当时手里还紧紧地攥着照片，脸上仍旧满含幸福。如果当时没有数码相机，还是以前的"傻瓜相机"，奶奶可能就看不到她的照片，也不可能这么安详地离开了。照相这个以前被人们普遍认为是一种奢侈的行为，也已经如同"旧时王谢堂前燕，飞入寻常百姓家"了。时代的进步让我们的生活更从容，改革的变化让我们的记忆更美好。

这是去年的我。是不是很霸气？去年，在恢宏大气的北京会议中心，我代表重庆市去北京参加五好小公民主题教育活动朗诵比赛全国总决赛，一举获得全国一等奖。在这激动人心的时刻，妈妈举起手机，瞬间定格了我的风采。除了拍照，北京之行，妈妈手中的手机大显身手：购车票订酒店，出门打滴滴，移动支付购买纪念品，扫码骑行小黄车，真可谓是"手机在手，说走就走"。在我短短十多年的生活里，手机替换了相机，高铁动车替换了绿皮火车，实物交易让位于网络支付。我们在不断成长，科技在突飞猛进，社会在飞速进步，人们的生活更加幸福美好。老师们、同学们，刚才我给大家看到的这三张照片，不仅记录了我个人的成长足迹，而且见证了咱们祖国改革开放以来天翻地覆的巨大变化。它让一个个普通的家

庭，都能实现美好的愿望，都饱含对美好生活的向往。习近平总书记在党的十九大报告中深情地说，要永远把人民对美好生活的向往作为奋斗目标。所以，我们更加确信：我们的青春才起航，我们的未来更宽广，我们还会描绘出更加美好的画卷，和伟大的祖国一起共同开创新的辉煌。

演讲提示

　　在主题演讲比赛中，因为现场选手比较多，又都是围绕一个主题进行演讲，不论是听众，还是专业评委，都难免会出现审美疲劳，那么这个时候，作为演讲选手做到先声夺人就尤为重要。这位演讲者就很好地利用道具的使用，做到了开场抢占先机，通过照片很好地吸引了听众的眼球和注意力，而且在之后的演讲中，通过不同照片的对比，一方面很直观地呈现，给听众以视觉冲击，另一方面也很好架构了全文，起承转合，张弛有度。

　　当然，结尾的地方，如果和全文之前的行文风格一样地接地气，可能会有更好的发起号召的效果。

百年南开"爱国三问"的一脉传承

演讲者：王艺涵　　　　指导老师：张敬

大家好，我是来自天津南开日新国际学校一年级一班的王艺涵。

此刻，我首先跟各位分享三个小问题：

你是中国人吗？

你爱中国吗？

你愿意中国好吗？

是的，我们的答案都是一样的，也是肯定的。大家知道吗？这就是南开大学张伯苓老校长在1935年9月17日新学年开学典礼上提出的著名的"爱国三问"。张校长号召南开学子要不忘国耻，自省自励，做中国的脊梁。

追溯历史，无数仁人志士正是怀着对"爱国三问"不容置疑的回答，正是饱含着对祖国深沉的爱才勇于抵抗列强，捍卫祖国的和平。古有岳飞：脊背刻字，精忠报国；有邓世昌："我们就是死，也要壮出中国海军的威风"；还有英勇抗日的小英雄雨来、王二小：头可断，血可流，秘密不可泄！他们用鲜血和生命诠释了不同时代爱国主义的深刻内涵。

回望当今，南开学子进一步传承了"爱国三问"的时代主题。今年1月17日，正在天津考察的习近平爷爷来到南开大学看望师生，他指出张伯苓老校长的"爱国三问"既是历史之问，也是时代之问、未来之问。在新开湖畔、石先楼前，5000多名师生共同唱响《我和我的祖国》，南开的大哥哥大姐姐们热泪盈眶，齐声喊着："爱我中华，振兴中华！""总书记好，总书记辛苦了！"我的爸爸作为工作人员目睹了现场动情感人的一幕，也给我讲了很多细节，他第一时间带着我参观了百年南开校史展览馆，教育我长大了要将爱国主义融入自己的血液里。

在南开大学即将迎来百年建校之际，我作为一个小小南开人，一定会将百年南开的爱国情怀深深植入自己的心灵之中，铭记沧桑历史，不忘爱国初心。

这不同时空的南开问答，一脉相承的爱国精神，必将在一代代南开人心中继续传扬，必将成为巍巍南开最深沉的底蕴、最壮丽的诗篇。

最后，让我们再次发自内心地回答"爱国三问"：

"我是中国人。"

"我爱我的祖国。"

"我愿我的祖国越来越好！"

谢谢大家！

演讲提示

演讲稿采用了首尾呼应的结构体系进行行文，而且开篇引人入胜的三个问题，刚好有很强的历史纵深感和厚重感，又因为习近平总书记到访南开大学重提三问，让这段选材又富有了时代感和鲜活感。这一点值得推崇，我们演讲者在撰写稿件的时候，选择材料，既要有共性，又要有个性，要在共性中寻找个性，既要有历史厚重感，又要有时代性，要让历史和现代对话。

如果一定要给建议，演讲者如果能把在"爱国三问"感染下的更多现实中的行动写进稿件，然后由近及远，推己及人，会更具有感召力和影响力，我们呼唤行胜于言、知行合一的演讲者。

饭碗

演讲者：乔典　　　　指导老师：蔡毅

　　40 多年前的一个凌晨，湖北一个小镇的街头，一个中年男人正在鬼鬼祟祟地东张西望，他的外套里面，藏着一卷棉布。大家知道他是什么人吗？可能很多人认为，他是小偷。其实他并不是小偷，他只是在卖棉布。那个年代禁止私人买卖，一旦被抓住，他的棉布就会被没收。

　　不远处，一座门窗紧闭的房屋前，正排着长长的队伍，他们的脸上写着疲惫和焦虑。大家再猜一下，他们又是干什么的？年长的人一定知道，他们是来买猪肉的，那时候的猪肉很难买到。屋子里面，一个年轻人又被外面的嘈杂声吵醒了，他厌烦地用衣服盖住了脑袋。这个屋子，就是当年最热闹的地方——供销社。而这个年轻人，就是我外公，人称"杨会计"。

那个年代，供销社的工作是人人羡慕的铁饭碗，柴米油盐酱醋茶、文具布匹农产品……几亿农民的生产生活用品，全都只能在供销社凭票购买，而且经常买不到。那时候的外公很风光，很多人想方设法和他交朋友，因为外公能帮他们买到紧俏物品。

那时候的外公没有想到，1978 年以后，他的人生会发生巨变。随着改革开放一声春雷，私人买卖不再被禁止，各种商店如雨后春笋般涌出来，昔日辉煌的供销社迅速衰落。果然没过多久，供销社改制，外公的铁饭碗没了。

看着周围的人越过越好，失业的外公非常沮丧。但很快，他发现改革开放带来了遍地的机会。于是他干起了个体户，什么好卖他卖什么，收入远远超过了当年供销社的工资。后来，外公在武汉开了一家铝合金加工店，凭着质量和诚信，很快打开了市场。从给单家独户装阳台，到承包整栋楼的玻璃门窗，从一家人干，到带着几十个人干，昔日的"杨会计"变成了"杨总"，不仅自己越来越富有，还让几十个员工过上了幸福的生活。

我外公每次讲到这些，都是满脸自豪。他说，失去了铁饭碗，市场经济又给他送来了金饭碗。

最近几年，在老家休闲养老的外公又发现了商机，办起了乡村生态园。每到周末，他的农业体验项目就"人满为患"，插秧挖藕做陶器，捉鱼抓虾挤牛奶……这些往日辛苦的农活如今吸引了大批城里孩子。特别是习爷爷提出乡村振兴战略后，老家的交通更方便、环境更优美，外公的绿色生意也更火爆了。

我想起了习爷爷的话，"绿水青山就是金山银山"。我外公不是正好验证了这句话吗？他端着的绿饭碗，盛满了生态环保的金果实。

从铁饭碗到金饭碗，再到绿饭碗，透过我外公的一生，我终于明白了他常对我们小辈讲的话，"现在的中国，遍地都是机会，只要你努力，就一定会幸福！"外公说得对！这是最好的时代，只要努力，我们一定会更幸福，中国一定会更富强！

演 **讲** **提** **示**

　　紧扣饭碗的主题，使全文一气呵成，浑然一体，这样在演讲的时候也必然引人入胜，使听众为之倾倒。其实这篇演讲稿的撰写最大的高明之处就在于，一条明线是外公手中饭碗的变化，暗线是新中国经济的发展，一明一暗，相得益彰。当演讲的主题与祖国的兴盛发展挂钩的时候，撰稿的时候很容易落脚于假大空的喊口号、唱赞歌，而本文演讲者很好地用"饭碗"作为载体，把宏大的主题，折射到我们身边可以触摸的事物上，从而以小见大、以点带面，这是所有演讲者要学习的。

　　不过全文所有笔墨都着眼于外公，作为演讲者，"我"的体现过少，如果要更上层楼，这是演讲者可以思考的。

土 豆

演讲者：王浩铭　　　　指导老师：王泽宇

　　这张照片是正月初一，我们给太爷爷过生日的时候照的，其实太爷爷的生日不是正月初一，究竟是哪天，他自己也不知道。

　　太爷爷是孤儿，自幼给地主家放羊。80年前的除夕夜，地主家张灯结彩迎接新年。可小羊却因大雪出不了圈，饿得直叫唤。八岁的太爷爷只好到山里给羊儿捡干草吃。西北的冬天寒冷刺骨，太爷爷又冷又饿地昏倒在雪地里。

　　第二天醒来时，身旁却是温暖的炉火和喷香的烤土豆。一支八路军队伍救了他。打那时候起，每年的初一，就成了太爷爷的生日，因为那天，他加入了八路军。

　　战火硝烟中，小小的烤土豆，时时温暖着太爷爷的心，并提醒着他，要像土豆一样，越是在荒凉的地方，就要长得越好。

　　1949年新中国成立了。苦日子过去了，太爷爷放弃了去大城市的机会。留在了救他性命、给他生日的瓦窑堡党支部。

　　他治理的马家砭乡，广播马路村村通。他带领的马家沟队，农业致富美名扬。他扎根子长60年，家乡每一步发展、每一点变化几乎都有他的汗水和回忆。可他怎么也没想到耕耘了一辈子的果实会在顷刻间毁于一旦。

　　2002年7月4日，连天的暴雨让平时干涸枯竭的秀延河水位暴涨，冲向街道、村庄。房屋被淹、桥梁被毁，子长城几乎瘫痪。

　　爸爸说，那是他第一次见太爷爷哭。哭他住了半辈子的窑洞，哭他守了一辈子的子长。

　　然而，就像土豆无惧旱涝一样，洪水同样没有击垮太爷爷。他把家里唯一没受损的窑洞充作避难所，用仅存的粮食救助其他灾民。洪水平息后，他拿着铁锹、扛着树苗上了山。

"我听广播上说，山上没有树，洪水来了就拦不住，城里建设得再好也不中用！"

邻居大伯笑他傻："你都这么老了，还有多少光景，别折腾了！"

太爷爷说："你别看土豆疙瘩老，它能长出新芽子！我老了有我儿子，儿子下面有孙子，孙子将来还有重孙子！"

打那起，子长的座座荒山变成了太爷爷的新战场。铁锹和树苗成了他的武器。一天又一天，一年又一年。

16年过去了，太爷爷真的老了，行坐起卧都异常艰难，却依然挂念着他的绿色战场。

16年过去了，当年的小树已亭亭如盖，可以抵御风沙、可以阻挡洪水。

16年过去了，他的小重孙8岁了。端起他的相机，帮他拍下茁壮的树木、茂密的山林，拍下山清水秀的新子长，并站在首都的舞台上，把土豆的故事讲给全国的小朋友们。

正如太爷爷所说，土豆是不会老的，因为它会生出崭新的绿芽，延续自己的生命和力量，薪火相传，生生不息！它时刻叮嘱我做一个心怀"土豆"的人，建设秀美家乡，建设伟大祖国！

演讲提示

　　文中提到的"子长"是一个城市的名称，子长市位于陕西省延安市。演讲者在稿件撰写中运用了托物言志的手法，借土豆来隐喻大西北人充满韧劲、勇于担当的品质，而且很巧妙地以土豆为线索，串写了新中国成立前英勇杀敌，新中国成立后支援家乡建设，直到新世纪十六年来植树造林、退耕还林的太爷爷，整体结构清晰，行文自然，演讲过程也是娓娓道来。

　　此次展示活动的主题是"童眼观生态"，如果把关于太爷爷新中国成立前的笔墨再减少一些，更多来描写太爷爷是如何带领大家植树造林、治理水土流失的事迹，会更加地凸显主题。

爷爷带我去踩桥

演讲者：谭雨桐　　　　指导老师：江世君

大家好！我是来自重庆市巴蜀小学的谭雨桐。今天我演讲的题目是：爷爷带我去踩桥。

在我的家乡重庆，不少人有一个习俗，就是每当有一座新桥建成后，人们都要争先恐后地跑到桥上去看热闹，并来回走上三趟。一来是表达新桥建成的喜悦，二来是给自己和家人祈福，希望能健康幸福、事业通达、顺心如意。人们管这种习俗叫作“踩桥”。

去年，家乡又一座大桥建成了。通车的前一天晚上，爷爷兴奋地喝了二两小酒，不知跟我说了多少遍：“明天早点起床，爷爷带你去踩桥。”可是我并不感兴趣，噘着小嘴说：“每次新大桥通车，你都要去踩桥，还没踩够呀？再说，不就是一座大桥吗？有什么稀奇的？”

爷爷叹口气，找出一张发黄的老照片。照片上是一个十来岁的农村女孩。爷爷告诉我：这是他的小妹，也就是我的小姑婆。四十多年前，爷爷一家还住在农村，每天上学，都要过一条河。水浅的时候，人们就卷起裤腿，蹚着水过河；水大的时候，就要坐摆渡船过河了，既耽误时间，又不安全。后来，公社在河上修了一座小木桥，乡亲们敲锣打鼓、欢天喜地地来踩桥，心想着从今往后过河方便了。可没想到，夏天一场洪水就把刚修好的小木桥给冲垮了。那天小姑婆背着书包来到河边，为了不耽误上课，她不顾水流湍急，硬要蹚水过河，结果，被洪水冲走了，再也没有回来。小姑婆的悲剧深深地触动了我的心灵。在那缺乏桥梁的旧时代，类似这样的悲剧不知还有多少呀！看我有了这样的认识后，爷爷又兴致勃勃地给我翻看家乡大桥的照片。照片里的大桥，有的像长龙卧波，有的像巨龙腾空；入夜，桥上灯火辉煌，桥下星汉灿烂；来自天南地北的看桥人，笑逐颜开，如在仙境。我真是觉得身在福中不知福了。我对踩桥有了强烈的愿望！

第二天，爷爷带着我来到新建成的大桥上，这里早已是人山人海，一派喜气洋洋的景象。人们拿着手机、相机，摆出喜庆的造型在大桥上留影，就连桥下驶过的轮船也拉响了汽笛，加入这庆典的队伍。

　　爷爷手扶着桥栏杆，动情地说："改革开放 40 年，咱们重庆可是大变样了。光长江和嘉陵江上就有 30 多座大桥，加上那些大小支流上的桥梁，总共有 10000 多座呢。桥多了，路宽了，这日子更美了！"说完，爷爷唱起了被他改编过的那首歌谣：

　　造桥不造灯草桥，风吹灯草颤摇摇。

　　造桥不造木板桥，大水要把桥冲跑。

造桥要造钢铁桥，今年修起万年牢。

造桥要造幸福桥，通向天堂乐陶陶。

听着爷爷的歌声，看着人们的笑脸，我终于明白了，人们踩的不仅是桥，还是重庆人民坚定豪迈、勇往直前的创业脚步。我要在这通向美好未来的一座座大桥上，踏着先辈们的足迹，永远一步一个脚印地走下去！

谢谢大家！

演讲提示

在诗歌的赏析品鉴中，经常会用到一个词叫"托物言志"，也有的说"寄情山水"。这篇演讲稿就很好地借用了"踩桥"作为载体，把时代的发展、祖国的繁荣、人民的幸福，都很好地缩影在重庆一座又一座大桥拔地而起中，而且爷爷的踩桥还有一个悲伤却普遍的故事，这样把昨天的不敢想象和今天的唾手可得形成强烈的对比，让演讲者轻松地做到"言之有情"。

这篇演讲稿的成功，再一次印证了演讲的故事至上、内容为王，这一点是每一个演讲者要坚信和践行的。

我有一个强大的祖国

演讲者：秦艺睿　　　指导老师：谢申君

　　两年前，妈妈带我去看了一部电影《战狼2》，电影结束的时候，大屏幕上的几句话深深地感动了我，那几句话是这样写的："中华人民共和国公民，如果你在海外遭遇危险，不要放弃！请记住，在你的身后，有一个强大的祖国。"当时电影院里响起了雷鸣般的掌声，那掌声激越、有力，经久不息，那一刻我们都为有一个强大的祖国而感到无比的骄傲和自豪！

　　上一年级的时候，老师就教我们"我们是中国人，我们要爱我们的国家"！后来每周一学校周会，我们全校师生就会聚集在国旗下，唱着雄壮的国歌，看着鲜红的国旗高高升起，每每这个时候我心里就会无比激动。这就是我对"祖国"一词最初的认知。

　　随着年龄的增长，我从爷爷奶奶的口中、从电视上、从网络里了解到，我们的国家以前并没有这么强大和富饶。奶奶告诉我在她小的时候很多日常用品的名字中都带有一个"洋"字：煤油叫"洋油"；洗脸的盆叫"洋盆"；火柴叫"洋火"；水泥叫"洋灰"；铁钉叫"洋钉"。每次听到奶奶说这些的时候我就纳闷，为什么所有的东西的名字都加了一个"洋"字呢？奶奶说是因为那时的中国很穷，生产力极其低下，就连普通的日常用品都必须依赖进口，那些高科技的产品简直就是天方夜谭。

　　70年前，中国人民站了起来，中华民族巍然屹立于世界民族之林；40多年前改革开放政策又让中国人民一步步富了起来。今天的中国在习近平新时代中国特色社会主义思想的指导下正走向强大，走向民族复兴！目前我国的对外贸易、对外投资、外汇储备稳居世界前列，港珠澳大桥飞架三地，嫦娥四号探测器成功发射，第二艘航母出海试航，国产大型水陆两栖飞机水上首飞，北斗导航向全球组网迈出坚实一步。中国桥、中国路、中国车、中国港、中国网，一个个圆梦工程正在铺展宏图……

　　在中国的经济突飞猛进的同时，中国的军队力量也正日益强大。有一种自豪叫——我是中国人；有一种速度叫——中国救援；有一种感动叫祖国——带我回家。在我们身后，有一股强大的力量为我们保驾护航，他们就是中国人民解放军。无论我们身在何方，祖国和党永远是我们坚强的后盾，这是一个强大的国家对人民发出的庄严承诺，也是一个国家对人民无尽的关怀。

　　我骄傲，我是中国人！我骄傲，我有一个伟大的祖国！梁启超曾说过："故今日之责任，不在他人，而全在我少年。少年智则国智，少年富则国富；少年强则国强；少年独立则国独立；少年自由则国自由；少年进步则国进步；少年胜于欧洲，则国胜于欧洲；少年雄于地球，则国雄于地球。"历史的接力棒已经传到我们手上，让我们扬起理想的风帆，追随前人的足迹，迈开坚实的步伐，为我们伟大的祖国更加繁荣富强的明天增光添彩吧！

演讲提示

　　演讲的开篇引用脍炙人口的电影《战狼2》，是一个很巧妙的演讲开篇技巧，因为用大家所熟知的元素开篇，很容易引起听众的注意和共情，这种方式各位演讲者以后在架构稿件的时候，也可以应用，因为演讲的开场很重要，我们讲"凤头""猪肚""豹尾"，这篇稿件做到了"凤头"。

　　稿件中提到了"洋钉""洋火"等，有年代感，也很具象化，但是后面的挖掘不够，后面用了大的篇幅在罗列中国强起来的事实，而这所有的事实都是包括听众在内的所有中国人民见证和知道的，所以在演讲中反复提到，会略显啰唆和缺乏新意，建议可以选择一个小的切口，用一个有血有肉的故事，反而能够更好地折射出时代进步的缩影。

追梦皇城

演讲者：赵建浩　　　指导老师：无

大家好！我叫赵建浩，我演讲的题目是：追梦皇城。

我今天不是来比赛的，是来北京做广告的。我要为一个太行山上 2.5 平方公里的小村庄做广告。这个村庄就是我的家乡——全国 5A 级景区皇城相府所在地、集体资产 80 亿元的山西晋城皇城村。

然而，改革开放前我们村一共 196 户，560 人，人均纯收入不到 60 元。为了致富，村支书张家胜跑手续，开煤矿，他带着大家扛过上千斤重的煤炭，吃过带煤渣的馒头，洗过脸的水能当墨汁用。煤矿投产，人均纯收入一下子就蹿到 4000 元，我们村成为 20 世纪 80 年代晋城市的首富村。

挖黑煤，挣黑钱，就在大家一条道走到黑的时候，张家胜却在问自己："煤挖完了怎么办？"他俯瞰全村，除了煤炭，还有一座 300 年前康熙皇帝的老师——宰相陈廷敬留下的一大片破败的院子。对，搞旅游！

然而，我们村的旅游开发可谓是一波三折。我们山西人自古安土重迁。搞旅游，景区里的人得搬出来，可大家死活不愿意。有人甚至在村委会门口写下了八个大字——"兴师动众，劳民伤财"。张家胜说："改革开放，关键要思想开放。我们做事要先换脑子后换人，多换脑子少换人，不换脑子就换人。"为了转变思想，他邀请专家来村里把脉，中国文物研究所原所长罗哲文等人称皇城相府是中国清代北方第一文化巨族。有了专家的肯定，他又组织村民十进故宫，九赴王家大院，最终，120 户全部搬出。

这时候，张家胜听说《康熙王朝》拍摄接近尾声竟然没有陈廷敬，硬是说服导演刘大印更改剧本重新拍摄，同时拿出 280 万元请剧组到村里拍。

280 万元，那是全村一年的收入哪！干部们认为太冒险了，有老党员说："这事要没办成，你就是皇城村的罪人哪！"可他说："我喜欢冒险，但从不盲目冒险。要是赚了，算集体的，赔了，我自己认。"

真理往往掌握在少数人手里。2001 年,《康熙王朝》热播,2004 年村里旅游收入达到 3000 万元,是 1999 年的 100 倍。

幸福是"齁"出来的!皇城村先后荣获"中国十佳小康村""中国历史文化名村"等殊荣。可是,张家胜却在 2015 年遇到车祸不幸身亡。"有人问,我为什么这么拼?因为,我是皇城村的村支书。皇城的荣辱就是我的荣辱。"

这让我想起了曾任《人民日报》副总编的卢新宁女士在北大的演讲:"请记得,无论中国怎样,你站立的地方,就是你的中国。你怎么样,中国便怎么样,你是什么,中国便是什么,你有光明,中国便不再黑暗。"40 年来,不正是 14 亿中国人建设自己的家乡才有了今天的中国,在此对着家乡的方向,作为新时代的新青年,我也想说:我们怎样,我

们的家乡就怎样！未来的我们怎样，未来的中国就怎样！

演讲提示

　　一篇好的演讲稿的谋篇布局，往往讲究"凤头、猪肚、豹尾"，这篇演讲稿的结尾就是豹尾的典范，在文末对全篇演讲进行了很好的升华，而且对当代青年也做出了很好的号召，干脆利落，简单有力，既发人深省，又不拖泥带水。在结尾中对曾任《人民日报》副总编的话的引用也恰到好处，水到渠成地把全文的感情基调推到了高潮，所谓他山之石可以攻玉，引用名言结尾的方法，是很值得借鉴和推崇的。

　　最后给一点建议，如果作为演讲者，"我"在稿件中有更多的体现，就更好了。

网红西安，抖音抖出"最中国"

演讲者：袁翊容　　　　指导老师：王梓

如果要数如今全国，网红城市有哪些？西安，肯定榜上有名，很多人说，抖音控制了自己的"多巴胺"，而"魔性的"西安人，则通过一系列精彩的抖音短视频，让全国人民都爱上了西安。

尊敬的各位评委老师，大家好！我就是来自抖音网红城市的小网红袁翊容，今天，我就为家乡代言，讲讲我眼中的网红西安。

民以食为天，我就先从"吃"开始说：凉皮、肉夹馍、冰峰被称为"三秦套餐"。对一个正宗的西安人来说，你来西安他绝对不会带你去吃什么蛋黄肉夹馍。

在西安人的眼中，夹馍只有肉夹馍，肉夹馍又分为腊汁肉夹馍和腊牛肉夹馍。汉人喜欢吃腊汁肉夹馍，坊上的回族同胞喜欢腊牛肉夹馍。但是无论如何，蛋黄夹馍也不应该成为西安夹馍里的"代言人"。

单就西安的面食，就有 30 多种，其中最有名的当属陕西八大怪之一"面条像裤带"的"biangbiang 面"，当然也叫裤带面，一碗宽面，热油一泼，吃起来，嘴角留香，回味无穷。

其次，说到赏乐游玩，全国最大的旅游城市之一，更属古城西安。

作为中国历史上建都朝代最多的城市之一，提到西安大家都会说出城墙。现在看到的城墙是明朝洪武年间修建的，距今时间也不长，也就 600 多年。

曾经听过一个段子，西安的景点比年龄：西安钟鼓楼已经 600 岁了；大雁塔不服气，我 1300 年，也不算老；汉武帝的茂陵 2000 多年依旧低调；一群兵马俑走过来笑着说：都是小年轻！半坡博物馆的文物出来了，大家安静了；旧石器时代的蓝田人出来了，更没人敢说话了。虽然是一个段子，足见西安的深厚底蕴和文化历史。

最后，说到西安的旅游现代化，绝对是男女老少统统喜欢。

因为一首《西安人的歌》更让大家对这座城市充满了向往：

西安人的城墙下是西安人的火车；西安人不管到哪都不能不吃泡馍；西安大厦高楼是连的一座一座；在西安人的心中，这是西安人的歌。

如果你现在和我一样也哼出了这首歌，相信是中了抖音的"毒"，也正是因为这首歌，一定程度上推动了西安成为"抖音之城"。

2018年春节，"西安年，最中国"再次让西安成为举世瞩目的焦点，西安呈现了一个"最中国"的新年，朋友圈、微博上，到处能看到西安的美景美食，更吸引了数以亿计的游客来到西安，一瞬间，西安的美景、变化与发展刷爆了抖音，甚至有人说，看到大家拍的西安美景都那么火，就想来西安拍一段抖音。

今天，作为西安的小网红，我想告诉你们，乘着改革开放40年的春风，搭乘党的十九大胜利召开的航班，如今，西安这座文化古城，正在用时尚的文化演绎自己，在未来，西安这座"抖音之城"，一定会焕发出更多新的光彩。谢谢大家，我的演讲到此结束，西安小网红袁翊容欢迎大家来西安做客。

演讲提示

演讲者的语言风格非常鲜活，而且具有强烈的现代气息，从"抖音"到"网红"，从"多巴胺"到"网红段子"，一听就是在移动互联网时代成长起来的演讲者，但是稿件内容并不空洞，虽然网络词汇频出，接地气却依旧有文化底蕴，做到言之有物、言之有序、言之有理。

作为"小网红"，把"我"和全文有很多的融合，有更多"我"的内容，就会让全文更加立体和饱满，听众也会听得更加真切和真实。

有一种纠结很幸福

演讲者：冉承卓　　　指导老师：苏新秀

大家好！我常常听到老人说我们，你们这些小娃娃，越来越让我们搞不懂了。可我却觉得，我还搞不懂你们这些老人呢！遇到点事情，就瞻前顾后，横挑竖捡，左右为难，举棋不定，老在那儿纠结，甚至还整出些烦恼、郁闷和痛苦来。

就说我外公吧，他老人家在农村，过去他家穷，他常常纠结的是粮食够不够吃，包包里那点钱该怎么花，娃儿的书包坏了该不该买，甚至家里人生病了，去哪里看病能省钱。这种种纠结经常折磨得他吃不好饭，睡不好觉，整天长吁短叹，甚至忧心忡忡。

几十年过去了，外公一家早就不再为温饱操心了，可最近一段时间，外公一家又开始纠结了。原来改革开放以来，外公领着舅舅承包了一片山林，搞起了特色养殖，日子越过越好，先后盖起了楼房，添置了家电，在银行也有了6位数的存款。前些天，舅舅提议说，家里该买一台汽车了。他的话，得到全家人的一致赞成，可是，就在买什么车的问题上，意见却统一不起来了。

舅舅说，他想买一辆农用车，用来拉化肥、饲料，往城里送农副产品，可以减轻劳动负担，提高生产效率，加快致富步伐。舅妈先是点头，然后又摇摇头："你说的农用车确实需要，可咱们也应该提高一下生活质量呀！世界那么大，应该出去看看；风景那么美，应该去玩玩；美食那么多，应该去尝尝。到时候，咱总不能开着农用车去周游世界吧，那也太没有品位了。"舅舅搓着手嘿嘿直笑："你说的在理。要不，咱们就买一辆轿车？"外婆听了，插话说："轿车好是好，可它不能用来拉货呀！我看，不如买那种前边坐人，后边拉货的车，叫皮什么来的？"外公笑着说："那叫皮卡，这倒是个好主意，依我看呀，咱们先买一台面包车也不错，又能坐人，又能拉货。"

就这样，大家你一言我一语地发表着自己的看法，都在为到底该买一辆什么车纠结着。不过，他们的脸上都乐呵呵的，心里都美滋滋的。因为，这种纠结，是富裕起来的农民面临的多样化选择，是他们对高品质生活的向往与追求，是挑花了眼的摇摆，是鱼和熊掌不能兼得的遗憾。

我知道，今后他们还会遇到更多的纠结，比如：出去旅游，是坐飞机还是坐火车；家庭宴会，是去酒店吃还是在家里吃；去看望亲戚长辈，是买礼品还是送红包；等等，都会面临多样的选择，都会纠结。人们就在这种纠结中偷着乐吧，在这种纠结中享受改革开放带来的幸福与美好吧。

演讲提示

我们讲一篇好的文字，或者一篇好的演讲稿，最好能做到以小见大，由近及远。这篇演讲稿可以说是以小见大的典范，从关于买什么车的一场家庭探讨，折射出了无数个中国的幸福家庭也都会出现的"幸福的纠结"，让人听来亲切、自然又欢喜，而且尤为难能可贵的是，全文的语言风格，都非常吻合演讲者小学生的身份，并没有太多华丽而矫揉的辞藻，也不曾有连篇累牍的排比句，所以演讲稿的取胜，从来不在语言的雕琢，一定是故事的本身。

结尾处略偏于作文式的结尾，而演讲稿的结尾，我们还是希望看到更多的感召听众，强烈的情感共鸣之后的号召，这是演讲的目的和初衷。

第三章　经典演讲稿点评

解放军在，中国梦就在

韩明哲

大家好！正如大家所见，我是一名军人。2008 年的时候，我从原解放军理工大学毕业，当时的我成绩优异，在学校的时候就立了三等功，所以在毕业分配的时候，我的领导对我比较器重，直接就把我分配到了环境比较恶劣、条件比较艰苦的中朝边境地区。但是当时的我呢，春风得意，年少轻狂，觉得自己用不了多久，就可以扬名立万了。

来到部队的第 12 天，连长对我说："走，带你去长长见识。"结果竟然把我拉到了碴子沟。刚一下车我就懵了，整个碴子沟都被洪水淹没了。一位 92 岁的老人被洪水困在了家中，连长说："上！"我想都没想，就和战友跳进了洪水里，当时我和战友几次尝试，都无法通过河道进行救援，最后是将两个梯子捆在了一起，才靠近房顶，把老人接了下来，刚走出五六米，就听见后边"嘣"的一声，再回头一看，老人刚才所在的那个房子，已经塌了。如果晚了一步，我和我的战友，还有这个老人，可能就被房子压倒了，带到洪水里了。这是我人生当中第一次经历了生与死的考验。

还有一次，丹东地区又发生了险情，50 多名群众被困，我们赶到了救援现场，当时洪水已经和堤坝持平，随时都有溃坝的危险，所有的道路都已经被洪水淹没了，这时就需要有人在前面带路，引领着救援。这个时候，大家会看到在影视剧里经常发生的一幕：一连的官兵主动请战，我们先上；二连的官兵高高举起右手，让我们上；我们三连也抢着要上。正在大家僵持不下的时候，团长说："我是这里的最高指挥官，我上。"团长脱掉外套，穿上救生衣，点了几个老兵，就冲进了洪水里。在我的眼里啊，他们都四散着光芒。

我记得许吉如曾经在她的演讲里，说过这样一段话，"如果你觉得你过得很安全，那是因为有人在为你承担着风险。"我听这段话的时候，心里还是有些激动的，我觉得自己的职业得到了认可。那么作为军人，被认可的时候就是莫大的幸福。

但是，并不是每一个军人都能感受到这份幸福与骄傲。我所在的部队，是当年修筑川藏公路的英雄部队。新中国成立之初时，解放军付出了4963名官兵牺牲的代价，在雪域高原上，修通了长达2000公里的川藏公路，平均每公里就有7名官兵献出了宝贵的生命。所以直到今天，歌曲《歌唱二郎山》，一直都是我们团队的团歌。

前年清明的时候，我为了完善团史，专程到了二郎山烈士陵园，去看望我们团的那些先辈们。当我走到最后一片墓碑的时候，我被深深地震撼了！因为那是一片无名烈士碑，先辈们把年轻的生命永远地留在了这里，最后连个名字都没有留下。我久久地站在墓碑前，长时间地敬着军礼。

我擦拭着墓碑，我想深埋在墓碑之下的这些先辈们，他们当年面对险情的时候是否想过，他们会被铭记、会被传颂、会被歌唱？我想当年他们根本是不知道的，他们也没有想那么多，但是他们却用自己的生命，在青史上写下了中国军人的辉煌！有人说，军人的一生如果可以一分为二的话，那么军人的上半生就是不犹豫，下半生就是不后悔。

那一天，我面对着墓碑，向所有的先辈们，许下了我自己的一个心愿，我想告诉他们，红色基因代代传，只要解放军在，中国梦就在。我举起了右手，重温了我入伍时的誓言：我是中国人民解放军军人，我宣誓，服从中国共产党的领导，全心全意为人民服务，服从命令，严守纪律，英勇顽强不怕牺牲，时刻准备战斗，绝不叛离军队，誓死保卫祖国。那一天，我看着那些无名的烈士碑，我仿佛忘记了自己的名字，但是我知道，我是中国的军人，所以，我永不更改，永不后悔。

（本文有删减）

【点评】

韩明哲通过讲述自己亲身经历的一次洪水事情，让我们深切地感受了解放军英勇无畏的牺牲精神。又讲述了修筑川藏公路时解放军牺牲生命这些触目惊险的故事，让我们感受到了解放军的伟大和无私。只要解放军在，中国梦就在，解放军是实现中国梦的中流砥柱。

你是世界上最棒的父亲

（美）乔治·沃克·小布什

大家好！在我父亲 85 岁高龄的时候，他的一个娱乐就是开快船，他的船叫"忠心号"，他开足 300 马力，快得像飞一样，在大西洋上驰骋，留下保安船只在后面拼命追赶。

在 90 岁的时候，我父亲依然从飞机中跳伞而出，降落在海边圣安妮教堂的庭院里，我的祖母就在这个地方举行的婚礼，这也是我父亲经常去礼拜的地方。母亲说，父亲特意选择了这个地方降落，就是为了应对伞包万一打不开的意外。

即便是在他最后的日子，父亲的生命也有启迪。他一边老去，一边教会我们如何带着尊严、幽默和善良而老去。当慈爱的上帝最终来叩门的时候，怎样带着勇气，带着对天国的期盼和喜乐，去迎接死亡的来临。十几岁的时候，一个葡萄球菌感染几乎要了他的命。几年后，他躺在一个救生筏里在太平洋上飘荡，一边祷告希望救生部队能先于敌人找到他。显然上帝听到了他的祷告，因为上帝给父亲的命运做了其他的安排。从我父亲的角度，这些濒死的经历让他更加珍惜生命的可贵，他发誓要把每一天活到极致。

父亲高中毕业后，二战爆发，他暂停大学计划而成为海军飞行员。父亲和很多同时代的人一样，本来不大喜欢宣扬自己报效国家的事迹。但是作为公众人物，我们都知道了他的经历，他执行攻击，完成任务，被击落。我们知道了他机组人员的牺牲，以及他对此穷其一生的思索。我们也知道他最终获救了。

另一个大胆的决定，他把自己的小家庭从舒适的东部搬到了陌生的得州奥德赛。他和母亲很快就习惯了周边荒凉的环境。为了节省家用，我家当年和另几位女士共享一栋独立房子，我家在一边，她们在另一边，但是两家需要共享一个卫生间。后来，我们知道了这些女士是从事"特殊"职业的，但我父亲依然以善良和蔼的态度对待她们，他是个非常宽容大度的人。父亲能够和来自不同生活轨道的人交往，他善于推己及人，感同身受。他重品格而不是背景，他决不愤世嫉俗，他善意地从每个人身上找优点，总是能找到。

父亲教会我们，当"官"，为公众服务是必需的，也是崇高的。当"政客"，也可以当得正直，并且对家庭信仰这样重要的价值观问心无愧。他坚信我们必须回报国家和社会。他知道，为别人服务，也能丰富自我的灵魂。对我们而言，父亲是"闪耀繁星"中最亮的那一颗。当他失败，他铁肩担责。他承认，失败是完整人生的一部分。但他告诉我们，永远不要让失败来定义你的人生。他亲身实践，挫折怎样可以转化为强大。

他喜欢大笑，特别是自嘲。他喜欢开玩笑，但绝非恶意。他特别热衷于精彩的笑话。这也是他选择辛普森参议员致悼词的原因。乔治·布什知道如何成为一个真正忠诚的朋友，慷慨大度和愿意付出，让他和各界友人成为至交。他曾经给朋友和熟人写了成千上万的亲笔信，用于鼓励、同情或者感谢。

他告诉我们要珍惜每一天。他在高尔夫球场上是一个传奇，他是一名优秀的高尔夫球手，我总是想知道他高尔夫为什么打那么快。我的结论是，打快点，才有时间参加下一个活动，用一天中剩下的时间，来消耗他旺盛的精力，不让一日虚度。看来他出生时只有两种设置：全力以赴、倒头大睡。

他告诉我们如何做一个好父亲、好祖父和好曾祖父。他有自己坚信的原则，但当我们想用自己的方法时，他支持、鼓励、安慰，但从不试图操纵。我们都挑战过他的耐心。每次我触及他的底线时，他总是用无条件的爱来回应。上周五，当我被告知他将不久于人世时，赶紧打电话给他。接电话的人说："我觉得他能听见你，但他已经一整天没说话了。"我说，"爸爸，我爱你，你是一个很棒的父亲。"他留在世上的最后一句话是"我也爱你"。

最后，在他73年的婚姻中，父亲每天都在以身作则地教导我们如何成为一个好丈夫。他娶了他的初恋，崇拜她，陪她大笑，陪她痛哭，对她始终忠诚如一。上了年纪的时候，父亲喜欢握着母亲的手，把电视机的音量调得老高，一遍遍地观看警察节目。母亲去世后，父亲表现得很坚强，但我们知道，他真正想做的事就是牵着母亲的手。父亲还教给我另外一个特别一课。他身体力行地向我展示如何成为一个有诚信、有勇气的总统，如何充满爱心地为国民服务。历史书上会记载，乔治·H.W.布什是一个伟大的美国总统，一个有着无与伦比技巧的外交官，一个成就显赫的总司令，一个以尊严和荣誉捍卫其职责的绅士。

父亲，我们会一直想念你。你体面、真诚、善良的灵魂将永远和我们在一起。眼泪中，我们明白，这得是多大的幸运，能认识你，爱戴你，一个伟大而高尚的人。一个孩子可能拥有的、最好的父亲。在悲痛中，我们笑着永别。亲爱的爸爸，您总算可以再次牵着母亲的手了。

（本文有删减）

【点评】

乔治·赫伯特·沃克·布什（George Herbert Walker Bush，1924年6月12日—2018年11月30日），美国第51届第41任总统，常被称为老布什。

乔治·沃克·布什（George Walker Bush），1946年7月6日出生于美国康涅狄格州，政治家，第54—55届第43任美国总统，常被称为小布什。

老布什1948年毕业于耶鲁大学；1974年至1975年任美国驻北京联络处主任；1989年至1993年出任美国第41任总统；2018年11月30日晚，老布什与世长辞，享年94岁。

2018年12月5日，在美国华盛顿国家教堂为已故前总统老布什举行国葬仪式。在追悼会上，小布什发表了这篇《你是世界上最棒的父亲》的演讲，引起了国内外的广泛关注。

纵观整篇演讲，小布什通过回忆父亲老布什这漫长的一生，从小时候得了疾病，高中毕业后参军，参加第二次世界大战，几次惊险的事件，都差点要了老布什的命，但是老布什侥幸逃过劫难，最后活了下来，直到最后当上美国总统。

小布什通过讲述父亲的教育方式，以及和母亲的相处方式，幽默的话语间，表达出了对父亲的敬重和爱。老布什是一位值得受人尊敬的国家领导人和受孩子们爱戴的父亲。听众从小布什的这番悼词中，深深地感受到了伟大的父爱，令我们为之动容。让听众感受到了老布什的人格魅力，他不仅是一位伟大的总统，他还是一位好丈夫、一位好父亲，使得我们深深地怀念老布什。

胜利必将属于我们

（美）乔治·华盛顿

大家好！美国人能成为自由人，还是沦为奴隶；能否享有可以称之为自己所有的财产；能否使自己的住宅和农庄免遭洗劫和毁坏；能否使自己免于陷入非人力所能拯救的悲惨境地——决定这一切的时刻已迫在眉睫。苍天之下，千百万尚未出生的人的命运取决于我们这支军队的勇敢和战斗。敌人残酷无情，我们别无他路，要么奋起反击，要么屈膝投降。因此，我们必须下定决心，若不克敌制胜，就是捐躯疆场。

祖国的尊严，我们的尊严，都要求我们进行英勇顽强的奋斗。如果我们做不到这一点，我们将感到羞愧，并将为全世界所不齿。所以，让我们凭借我们事业的正义性和上帝的恩助——胜利掌握在他手中——鼓励和鞭策我们去创造伟大而崇高的业绩。全国同胞都注视着我们，如果我们有幸为他们效劳，将他们从企图强加于他们的暴政中解救出来，我们将受到他们的祝福和赞颂。让我们相互激励、互相鞭策，并向全世界昭示：在自己国土上为自由而战争的自由民，胜过世上任何受人驱使的雇佣兵。

自由、财产、生命和荣誉都在危急存亡之中，我们正在流血受辱的祖国寄希望于我们的勇敢和战斗，我们的妻儿父老指望我们去保护。他们有充分理由相信，上苍一定会保佑如此正义的事业获得胜利。敌人将炫耀武力，竭力恫吓，但是别忘了，在许多场合，他们已被为数不多的勇敢的美国人所击败。他们的事业是邪恶的——他们的士兵也意识到了这一点，如果我们在他们开始进攻时，就沉着坚定地予以反击，凭着我们有利的工事和熟悉的地形，胜利必将属于我们。每一位优秀的士兵都将——整装待命，一旦出击，必歼顽敌。

（本文有删减）

【点评】

乔治·华盛顿是美国首任总统，被尊为美国国父，美国独立战争大陆军总司令。1775 年，北美独立战争爆发，华盛顿担任十三州起义部队的总司令，对参战部队发表了《胜利必将属于我们》的讲话。

"感情带来仇恨，仇恨导致战争！"华盛顿的战前动员一出口就不同凡响，他一上来就剖析了战争的严峻局势，直指殖民统治者的残酷暴戾，以及与北美人民的血海深仇，用休戚荣辱的选择题告诉将士们必须坚毅勇敢地作战，此外别无退路，有力地激发将士作战的斗志，让其精神为之极大地振奋。

华盛顿将战争置于维护祖国尊严的大局下，以饱满热情的姿态和坚定的信念鼓励将士们奋勇作战，用一句"创造伟大而崇高的业绩"来帮助将士们树立必胜的信心，并向全世界有力地昭示，演讲铿锵正义、气势如虹，听后让人热血沸腾，充分展示了华盛顿敢于亮剑的英雄气概，鼓舞了将士们必胜的信心。

英雄是正义以及一切美好事物的化身，用正义的事业唤起将士们的自豪感。华盛顿运用正义和邪恶事业进行对比，唤起将士为正义事业献身的豪情，提升将士抗战强敌的勇气，增强将士无惧无畏的意志。卢卡努斯说："谁不讲正义，谁就会向手拿武器的人屈膝投降。"华盛顿深谙此道，并产生了巨大的感召力。

华盛顿作为一位伟大的领袖，其讲话言辞恳切，语气庄重，给人以平和、亲切、信任感。讲话虽然文字不多，却壮而不悲，充满浩然正气，极大地鼓舞着英勇的将士们保卫着祖国的领土与尊严，也无疑是战前鼓动讲话中颇为成功的典范之作。

谁敢欺负我们

张友良

大家好！我是张友良，也是一个坦克兵，今年我已经84岁了，那时候也像你们一样，十八九岁，也有那么一个老班长，老管着咱们，成天就说这不行，那也不能，真烦死人了。这只能心里想想，嘴上可不敢说啊。那时候战场上的坦克，特别金贵，可敌人的坦克，老是压着咱们一头，大伙的心里可别扭了，心里想什么时候，咱们的坦克也得扬眉吐气一番。在战场上刚一见到敌人，心里也慌啊，我们班长就安慰我说："别慌，别怕，有我班长在，你们谁也死不了。"这也怪了，他这一句话啊，还真给我们稳住了。后来，我也当班长了，我就对新兵蛋子们说："你上了战场一定要保护好你的班长，要不然你后悔一辈子，难受一辈子。"

那时候，我们的坦克也挺厉害的，因为训练得扎实，我们一辆坦克，打了敌人五辆，这敌人也不是吃素的呀，五辆坦克没了他也心疼啊，他要反击报复。轰，一炮就打过来了，正好就打在我的坦克上，那可是穿甲弹啊！那个炮塔里，那个火星子，嗖嗖嗖地蹿啊，就那么大点地方，没处躲，没处藏，我就看见班长啊，那身上的火就着了。班长一边扒拉着火，一边跟我喊："你快走，快出去。"我说："我不走，我不出去。"班长命令道："张友良，马上给我走。"我说："我不，要死，咱们死在一块。"这班长也不知道哪来那么大劲，就这一脚，就把我踹出了逃生门，我扒着门槛往里一看，那个火就呼呼地烧起来了，太大了，我想进去帮他一点办法都没有，那个疼啊，疼得打滚啊，就那么烧啊，烧啊，活活烧成了焦黑的猴子，一动不动了。

这六十多年过去了，一到晚上我闭上眼，就看见班长，他来跟我挥手，有时候还跟我说话，他说："现在还有人欺负咱们吗？谁要欺负就揍他，男子汉，血性男儿，就得为国家遮风挡雨，就得看家护院。"我说："班长啊，现在比咱们那会强大得太多了。你看现在新出的那些坦克，你别说开着它跑，你连看都看不明白，你都不知道从哪下手。那些导弹、大炮，轰，就跟树林子似的，天上的飞机，就像秋天飞过的大雁，数都数不过来啊！"班长没了，我一个人打坏了五辆坦克，你们说我是战斗英雄，不对，他们才是，他们才是英雄。你们现在每天吃得饱，睡得着，哪来的，那都是他们当年咬着牙，流着血，拼着命，一点点从敌人手里抓来的，现在你们接替了我们保卫共和国，让我们这些老人过上了好日子，我的班长做梦都想过，可是没过着的日子，你们也是英雄啊，因为有了你们，谁能欺负我们呢？谁敢呢？

（本文有删减）

【点评】

这段演讲是电视剧《陆战之王》中，退休老兵张能量的爷爷张友良，受邀到部队作报告，因为部队要移防，很多战士想退役，所以请"老英雄"张友良给战士们开了一场动员大会，他的一番肺腑话语，听得战士们热血沸腾。

张友良通过讲述自己也是一个坦克兵，并且有一个老班长管着自己，这就为后面的故事作了铺垫，并且拉近了和战士们的距离。他通过讲述敌人很强大，但是有一个老班长稳定军心，大家就不怕了。这种心理正好迎合了要移防战士们的内心，战士们内心都很焦虑，何去何从无法选择，张友良告诉大家要坚定信念，让战士们焦躁的内心，顿时安稳了下来。

张友良讲述自己的亲身经历，通过一系列的细节描写，我方的坦克被敌军的炮弹击中，但是班长却冒着生命危险救了自己，而班长却被烧成了"焦黑的猴子"，这一个真实且催人泪下的故事，战士们听得热泪盈眶，让他们认识到革命情谊之深，为了保家卫国，可以牺牲自己的生命，移防岂能动摇军心。这就坚定了战士们，要留在部队舍己为人的信念。

张友良通过讲述和老班长的对话，告诉战士们，血性男儿要肩负起国家和人民赋予的责任和使命。他运用比喻的手法，把国家的导弹、大炮比作"树林子"，把飞机比作"秋天飞过的大雁"，说明我们国家现在的武器之多、力量之强。然后说已经牺牲的"老班长"和那些战友们才是英雄，在座的战士们也是英雄，肯定了战士们的价值，要珍惜当下的机会。

　　恩格斯说："勇敢和必胜的信念常使战斗得以胜利结束。"老英雄张友良通过讲述自己的革命历史故事，不仅抒发了他对军人、对祖国的热爱之情，也表达了对新一代军人的殷切期盼，有新一代接班人，才没有人敢欺负我们，我们的国家才会强大昌盛，这一番发自肺腑的话语，怎能不令现场的战士感动，由此达到了稳定军心、振作士气的作用。

倘若国家需要，我还会上战场

段林希

大家好！我是段林希，我来自云南省宝山市，大家可能对这座城市比较陌生，这是中国西南版图上的一座边陲小城，不到三百万人口，没有太多的名胜，也没有太多的名人，但是这里曾经发生过一场永载史册的战斗，历史上称作"松山战役"。

这场战役是二战中日本人在亚洲战场上第一次全部被歼灭的战役，一个都没跑掉。但是，这场战役非常惨烈，松山上的每一片树叶，当年至少都有三颗子弹穿过。

那是 1944 年，抗战到了非常艰苦的阶段，松山是滇缅公路上的战略要地。日本人通过这里把从东南亚攫取来的战略物资，转运到中国以及日本本土用来维持战争的巨大消耗，因此，他们在松山上建立起了永久性的防御要塞，被称为"东方的马其诺防线"，而这场松山战役就是为了摧毁日本人的"马其诺防线"。

和千千万万的宝山人一样，我爷爷也是当年这场战役的见证者。那年，只有 13 岁的他和村里其他人一样，最爱干的一件事就是给当兵的送稀饭。战争太紧张，粮食补给又不足。军人们常常都是端着杯子，边跑边喝稀饭，有些人上午接到稀饭的时候还好好的，下午就牺牲了。爷爷送过很多次稀饭，但非常熟的军人只有一个张营长。

张营长常常告诉爷爷："要不了多久咱就会胜利的。"张营长没有食言，持续了 95 天的松山战役最终取得胜利。可是张营长却没能活着回来，这场战役太惨烈了，连同张营长在内的 8000 多名中国军人全部壮烈牺牲。

现在，如果你到滇西抗战纪念馆去，到松山抗战遗址，到国殇墓园，你依然能够清晰地感受到这段惊天地泣鬼神的历史。在我们宝山，每年清明大家都会自发去墓园给老兵们扫墓，因为对于我们而言，这些人就是英雄，每个家长都会带着自己的孩子去这些地方，因为这是我们宝山人必须要去学习和缅怀的一段历史。

有一位可爱的老兵叫刘华，他 16 岁参军，23 岁打的松山战役。他是国民革命军第十一集团军第八军荣誉一师的战略参谋，那可是抗战中赫赫有名的王牌军师。我见到他的时候，已经 91 岁的老人依然精神抖擞，他跟我说松山战役之后，当年和他一起进入部队的人已经了无所迹。

每次作战之前他都会收到很多嘱托："刘参谋，如果这次回不来了，就把我那点儿钱分了，让大伙吃顿好的。""刘参谋，物资紧缺，如果我回不来了，就让大家把我身上的衣服脱了，拿去穿。""刘参谋，如果我死了，随便就地埋了就行，别耽误打仗。"……这些老兵至死都在想着战友，至死都在以战事为重。

虽然时隔 68 年，但刘华老人跟我讲起这些的时候，依然两眼泛着泪花。刘华老人直到抗战胜利多年之后才结婚，我曾经很调皮地问他："爷爷，当年有没有女孩子追过您啊？"他非常害羞地笑了笑，搓搓手，说："当然有了，不过都被我拒绝了。"

我以为是老人眼光太高或是不喜欢，但老人沉默了一会儿，说："再喜欢又如何？国难未了何以为家？"这些经历过抗战岁月的老兵，尽管都已经是迟暮之年，但在他们身上一直保有着中国军人保家卫国的热血信念，临别时老人跟我说："虽然我现在 91 岁，但我是一名军人，倘若国家需要，我还会上战场！"

今天，我跟大家分享这些故事，分享这些可爱的人，我就是希望能有更多的人去了解他们的故事，了解他们的精神。今日，我们身处于和平年代，感觉战争离我们很遥远，但是你别忘了，就在不远的几十年前，我们这个国家，这个民族，正在遭遇着血与火的考验，正在经历着最危险的时刻！那时，为了脚下这片土地，为了身边的亲人，为了家国天下，不分东南西北，无论男女老幼，无数仁人志士都站了出来！

在我的故乡宝山，曾经就有这么一群人，他们用热血和青春铸就了一段不朽的历史！他们把自己年轻的生命永远留在了青山之间，他们是值得我们永远纪念和敬仰的人！他们，是我心目中永远的英雄！他们，有着一个共同的名字——中国军人！

（本文有删减）

【点评】

松山战役又称松山会战、松山之战，是抗日战争滇西缅北战役中重要组成部分。

中国远征军于 1944 年 6 月 4 日进攻位于龙陵县腊勐乡的松山，历时95 天，本次战役胜利将战线外推，打破滇西战役僵局，同时，拉开了中国大反攻序幕。

段林希通过讲述爷爷给前线战士们送稀饭，看到战争的残酷和血腥，歌颂了老一辈革命家无私奉献、保家卫国的大无畏革命英雄主义。通过讲述刘华爷爷的故事，让我们看到了革命英雄可敬可爱的一面，正是因为有了他们保家卫国，才有了我们今天的幸福生活。我们应该铭记历史，他们是我们心中真正的英雄，那就是——中国军人。

我是大海中的一滴水

李振波

我来自空降兵，空降兵的兵种的作战基本战术原则是：走在空中，打在地面，快速机动，垂直空降，择机突击，出奇制胜。诺曼底登陆是第二次世界大战以来，空降人数最多的一次，一举扭转了第二次世界大战的局势。所以说空降兵的出现，从成立之日起，就在世界的军事史上留下了辉煌的战绩。

空降兵有一句话，能够拉得出，降得下，打得赢。2008年抗震救灾的时候，我们突然接到了参加抗震救灾的命令，当时的地震情况是路断、电断、通信断，地震中心的情况到底怎么样，我们也不确定。十三日凌晨，总机给我打电话，让我马上到作战值班室。当时军首长正在研究，跳在什么地方能够快速地把中央军委给我们下达的侦察、了解、报告情况的任务完成好。

实际上选择空降地域就是很大的一个难题，无地面指挥，无气象引导，特别是陌生地带。十三日早上八点左右，我们直飞地震灾区。飞入高空，就开始进入云层了，什么都看不见。到了地震灾区以后，飞机一直下降到六千五百米，还是乌云滚滚，而且还有雨，这个时候飞机已经结冰了，强行下降可能会机毁人亡。这种情况下，我们只得返到成都机场，择机再空降。

我当时提出，我带着一部分小分队，跳翼伞先下去。那个方形的伞，操纵非常灵活，我可以在空中选轨迹、运动轨迹、落地区域。十五个人小分队当时确定的时候，我是进行了激烈的思想斗争。因为我们其中有一个叫向海波的战士，2008年刚23岁还不到，而且只跳了一次这个伞。当时我就想让不让他跳，但他说，"我必须要跳，那我就是能跳，我就是干这个事儿的"。

如果他出现了差错，我无法面对他的父母。"能不能保证安全？"他说：

"可以，我一定能保证安全。"十四日早上，成都的雨下得非常大，战士们急得都不得了，饭都没吃，那个伞都在每一个人座位上放着，只等一声令下，背起来就走。一直快十点时，成都气象台通知我，十点钟以后，茂县有一个小云缝，抓住这个机会，就可能空降下去。我给首长们一报，部队先背伞，跑着上飞机了。

当时的高度在五千米，比咱们内地的含氧量要低得多得多，喘不过来气，但参加跳伞的十五名队员没有任何犹豫。飞行员打开机门后，我往下一看，什么也看不见，走了一下，我看到了一条云缝，看到了地面，我说准备，准备，然后飞机就发出信号了。我离开飞机以后，伞一直往下掉，时间已经过去很长了，怎么伞还没有开呀？我感觉主伞肯定是开不了了，就把主伞飞掉，打开备份伞。备份伞哗地开了，但是我还是担心。我扭头一数，跟着我后边的七名跳伞员的伞全部都开了，这样我才开始在地面上选择我的着陆区域。

往下一看，第一印象，高压线纵横交错，地形非常复杂。但是再往下一看还不错，绿油油的，我认为是山坡上的庄稼或者是草丛。但是再往下下的时候，我才看到，是果园。果树枝呈三角形，各个都朝上，非常锋利。怎么也躲不过去，最后在树丛当中着陆了，我的胸部撞在一棵树干上，我就认为我骨折了，气都喘不过来。

实际上有一个树枝，从我大腿插进去，从这里出来。我根本不知道，光知道这个地方疼。我下来了以后，十几个老乡跑过来喊："空降兵下来了，空降兵来救我们来了。"那个时候我才感觉到，什么叫激动人心！我们十五名跳伞员，在茂县空降的时候，是落在了岷江两岸，所以集结起来也非常难。有一个四川籍的战士叫任涛，摔在了一个沟边上，落地的时候踩到石头上，一下子摔倒了，把他摔休克。离他很近的一个兵，喊了他半天，才把他喊醒。最为危险的是我们一个兵落在悬崖边上，如果当时起一点小风，就把他拉到岷江里去了，岷江的水非常急，那肯定没有生还的可能。

这次抗震救灾，我们在路上行进了7天，走了220公里，为将近两百人的家庭报了平安，因为他电话号码给我，我就给他报平安。开辟了六个空降场，同时及时提供了灾区的情况，把地震灾区的情况能够侦察清楚、报告清楚，为我们党中央、国务院、中央军委科学安排救援活动提供了科学的依据。一声令下能拉出去，降下去都能取得胜利，所以空降兵的战斗力都是最强大的。

每一个人都是社会当中的一员，大海当中一滴水就是很平常。特别是我们军人，这是我们应该做的事儿，我感觉到很正常，没有什么特殊。

（本文有删减）

【点评】

李振波，空降兵研究所高级工程师，从事空降、空投事业已经41年，跳伞2000余次。2008年汶川地震，他担负地震灾区空降兵先遣小分队队长，带领14名队员打开了空中救援通道，并且由他执行了伞降第一跳。在一次讲话中，他分享了自己2008年抗震救灾的真实故事，令在场的官兵震撼万分，让我们看到了空降兵英勇无畏的精神。

恶劣的气象条件，既是对跳伞技术的考证，更是对公私利益的检验。这时候，一个年轻且技术锤炼不足的战士，国家利益至上，不顾生命危险，抢着应战，让我们为他真挚的家国情怀和无私奉献精神而感动不已。李振波以物托人，彰显出空降兵在灾难面前，公而忘私的高大人格魅力。

乍一看，跳伞的落地区域好像还可以，可是随着下降，恶劣的地面环境尽在眼底，最终李振波用尽全身本事，带伤落地却无暇顾及怎么受的伤。空降兵面对危险是家常便饭，李振波先顺后逆的一番讲述，让我们看到了军人身上那种在极端恶劣环境下，一往无前、勇者无畏的革命精神和英雄气概。

李振波小分队历经艰险，一路冲锋，他们的到来不但受到老乡的感激和欢迎，更是完成报平安、开拓空降场、侦察、报告灾情等一系列任务。李振波一番点面铺陈的讲述，展现了他们时刻清醒地认识到自己身上担负的责任，他们的功绩将会被人们牢记在心。

李振波说他就是大海当中的一滴水，很平常，没什么特别。李振波的一番话让我们看到了中国军人，他们肩负使命、勇敢无畏、无私奉献，自愿做一个个小我，支撑起我们中华民族日益强大和美好的未来。

要么胜利，要么死亡

汉尼拔·巴卡

大家好！我不知道命运是否已给你们戴上了更沉重的锁链，使你们处于更紧迫的形势。你们在左面和右面都被大海封锁着，可用于逃遁的船只连一艘都没有。环绕着你们的是波河，它比罗讷河更宽，水流更急；后面包围着你们的则有阿尔卑斯山，那是你们在未经战斗消耗、精力充沛时，历经艰辛才翻越过来的。你们不要因为这场战争表面上的巨大规模，而担心难以取胜。敌对双方受藐视的一方往往坚持浴血抗争，而一些著名的国家和国王却常被人并不费力地征服。因为撇开罗马徒有其表的显赫名声，它还有什么可与你们相比？你们中的每一个人都看到了我的累累战功，我作为你们英雄气概的目击者，能列举每一个勇敢人作战的具体时间和地点。士兵们，我认为这一点很重要。我在成为你们的指挥官以前是你们大家的学生，我将率领曾千百次地受过我表彰的士兵，威武地阔步迎击那支互不熟悉的军队。

你们即将为国家并出于最正义的愤恨而出征，我们是战争中的攻击者，高举仇恨的旗帜进入意大利，将以远远超出敌方的胆量和勇气发起进攻，因为攻击者的信心和骁勇总是大于防卫者。此外，我们所受的痛苦、损伤和侮辱燃烧着我们的心：它们首先要求我，也就是你们的领袖，其次要求曾围攻过萨贡塔姆的你们大家去惩罚敌人；如果我们畏缩怯战，它们将使我们受到最严厉的折磨。那个最为残暴、狂妄的民族认为，一切都应归它所有，听它摆布；应当由它决定我们同谁交战、同谁媾和；它划定界线，以我们不得逾越的山脉河流把我们封锁起来，而它却不遵守自己规定的界线。它还说，不得越过伊比利亚半岛，不得干预萨贡廷人；萨贡塔姆在伊比利亚半岛，你们不得朝任何方向跨出一步！拿走我们最古老的省份——西西里和萨迪尼亚是件小事吗？你们还要拿走西班牙吗？让我从那里撤走，以使你们横渡大海进入阿非利加吗？

我说他们要横渡大海，是不是？他们已经派出本年度的两位执政官，一个派往阿非利加，一个派往西班牙。除了我们用武器保住的地方外，他们什么地方都没有给我们留下。有后路的人可能成为懦夫，他们可以通过安全的道路逃跑，回到自己的国土家园请求收容。但你们必须勇敢无畏。你们在胜利和覆灭之间绝无回旋余地，要么战胜，要么死亡。如果命运未卜，与其死于逃亡，毋宁死于沙场。如果这就是你们大家确实不变的决心，我再说一遍，你们就已经战胜了；这是永生的众神在人们夺取胜利时所赐予的最有力的鼓励。

（本文有删减）

【点评】

汉尼拔是欧洲历史上伟大的军事统帅，被誉为"战略之父"。汉尼拔在率军翻越阿尔卑斯山后，准备向意大利出击时的战前鼓动演说《要么胜利，要么死亡》，铿锵有力，振奋人心，充分表达了汉尼拔无畏的英雄气概和必胜信心。

汉尼拔用形象的比喻，剖析了战争的局势，刻画出战士们面临的紧迫情形。他站在士兵们的立场上，鼓舞士气，掷地有声地反问，让士兵们精神极大地振奋。随后，汉尼拔列举自己随父征战的成长经历，展示他丰富的作战经验和卓越的指挥才能，增强了士兵们必胜的信心。充满自信的汉尼拔，也不忘表达对士兵的鼓励赞扬与人文关怀，他的谦恭与平等，他的肯定与赞扬，他的坚定与信任，激发了士兵们续写辉煌的豪情。

汉尼拔不仅以饱满热情的姿态和坚定的意志，鼓励将士们奋勇作战，还运用大量的排比、反问、对比等修辞手法，形成了汪洋恣肆的英雄气势和灼热气场，增强了讲话的说服力和感染力。例如，连续反问，句句戳中士兵心扉，激发了士兵的斗志，让汉尼拔的爱国之声在士兵们心中久久回荡；排比手法的运用，更是推波助澜，气势恢宏，表达了将军对战士们的无比信任，激发了战士们为正义而战的壮志。

坚定信念，英雄身上显意义。英雄是什么？英雄是标杆，是旗帜，是丰碑。英雄的话语，让你热血沸腾，让你激情燃烧，让你壮志凌云；英雄的精神，让你顽强奋斗，让你蓬勃向上，让你英勇前行。当汉尼拔坚定地说出"要么胜利，要么死亡"时，我们可以感受到选择的无畏，信念的坚守，必胜的力量。汉尼拔带给我们的，是昂扬的激情与献身的精神，是直面困难的勇气和决心，是战胜困难的斗志和毅力。

汉尼拔以巨大的热情和坚定的意志，鼓励将士们奋勇作战，是战前鼓动讲话中颇为成功的典范之作。

在那里留下人民空军的脚印

陈亮

大家好！很高兴在人民空军成立 70 周年之际，能和大家一起分享。10 月 1 日那天，我们也看了国庆阅兵。当时我是在值班，我们很早就守候在电视机前。当我们看到轰 -6K 和轰 -6N 组成的轰炸机编队飞越天安门时，我立马就兴奋了。我的心情跟大家一样，非常激动，感觉是那么亲切。大家对歼击机可能比较熟悉，对我们轰炸机，也许还比较陌生。我先后飞过轰 -5、轰 -6 甲、轰 -6H，让我感到最自豪的就是飞上了"战神"轰 -6K，它是我们国家自主研制的一款中远程轰炸机。

我也想考考大家，大家知道世界上有哪些国家有战略轰炸机吗？就三个国家，中国、俄罗斯和美国。为什么这么少呢？是因为科研水平达不到实力，你造不出来。我们国家能有自己的战略轰炸机，这是综合国力强大的体现。

我是一个重庆人，"重庆大轰炸"，大家也许都听说过。小的时候常听老人们讲起那一段很屈辱的历史，那个时候的老百姓最恐惧的就是听到刺耳的防空警报和轰炸机扔炸弹的声音。那时侵略者为什么敢肆无忌惮、狂轰滥炸，就是因为当时的中国没有自己强大的空军。

从那个时候起，我对飞机就有了一种很特殊的感情。小的时候每次到公园里面去玩，只要看到有飞机，我都会跑过去，看一看，摸一摸。没想到高中毕业之后，我果真成了一名飞行员，而且是一名轰炸机飞行员。轰炸机就好像人的拳头一样，人为什么要握紧拳头？是为了进攻，是为了出击的，我们团就叫作"铁拳团"。2013 年，我们团换装了轰 -6K，仅用了 8 天的时间就实现了首飞。新的装备，带来了新的使命和新的责任。

有一次我们执行绕岛巡航任务，当飞到某一个特定区域时，在座舱里的态势画面突然出现了红色告警，在距我们 30 公里的地方，有两架不明的飞机正快速地向我们抵近。当时我立即下令，保持好战斗队形，加强观察，同时警告对方，不要干扰我的行动，我正在进行例行性训练。但对方来得很快，20公里，10公里。我立即保持好飞行状态，命令右座，立即取证。当时对方就在我的右机翼下面，间隔也就30米，我们连对方飞行员的头盔和他座舱里面的动作都看得一清二楚，可以说是非常近。他们还时不时掀一下机翼，给我们亮一下"肚皮"，秀一下机翼下面的导弹，给我们进行心理施压。这种状态大约持续了30分钟，战斗就在我身边，高度1米不变，航向1度不偏，继续执行任务。中国虽大，但一点都不能少。

2018年8月，我们代表中国空军轰炸机部队首次走出国门，参加了"航空飞镖"国际军事比赛。当天考核的是精准投弹和精准着陆。当时的气象条件非常复杂，在轰炸靶场几乎是满天云，基本看不见靶标。在着陆场，是90度侧风，90度侧风是个什么概念呢？就好比我们在高速公路上开车一样，突然来了一阵横风，你会感觉驾驶盘很不好操控，甚至会担心汽车发生侧翻。飞机着陆也是这个道理，所以说当天的气象条件对于我们年轻的参赛机组来讲是一个非常大的考验。最终，我们机组在云缝中锁定了靶标，一举命中。在着陆时，飞机不停在调整姿态，不停在修整方向，精准着陆，又轻又稳，姿态很漂亮。当时坐在我旁边的俄罗斯指挥员，看到之后非常惊讶，直接跑过来给我竖了一个大拇指。虽然轰炸机是一种进攻性武器，但是我们热爱和平，绝不主动挑事，但是你别惹我，惹我就会收拾你。

历史上我们的团队也有很多光荣的传统，在抗美援朝时期，我们团在没有任何先例、没有情报、没有掩护的情况下，夜间突袭轰炸大和岛。在和平时期，我们团又先后执行过原子弹爆破收尘取样、投掷氢弹等多个大项任务。我刚当上团长的时候，我的老团长曾经对我说："兄弟，我们这么好的团队，这么好的装备，你一定要好好地带，等你再交给你的下一任时，一个兄弟、一架飞机都不能少。"当时我听了之后，顿时感到肩上的责任一下就重了。每一次远海训练，我们都是在真实的战场环境与对手进行激烈的过招。有一次远海任务前，一个年轻的飞行员刚下部队才两年，也就20出头，跑过来主动找我，说："团长，这次远海任务我也想上，哪怕是备份也行。"我说："我们这是去上战场，你不怕吗？"他说："我不怕，怕就不当飞行员了。"我想这就是我们团队所特有的一种战斗精神。

随着装备的更新，我们肩负的使命、责任，与国家利益的拓展联系得更加紧密。有一次，我的小孩很好奇地问我，他说爸爸，每次看你飞完远海回来，你都很兴奋、很高兴，你们究竟到那里干什么去了呢？我说儿子，当年阿波罗号登月的时候，在月球上面留下了个脚印，就证明我们人类曾去过那个地方。现在我们飞那么远，就是为了去以前没有去过的地方，在那里留下人民空军的脚印。

（本文有删减）

【点评】

陈亮，我国空军航空兵"铁拳团"团长，他驾驶着"战神"轰-6K轰炸机保卫祖国的蓝天。作为军人，他不负祖国所托，完成了一个又一个任务。陈亮从小就对飞机有特殊的情感，他通过讲述自己的几件亲身经历，让听众看到了人民空军的力量。

面对不怀好意者的挑衅，陈亮毫不退缩和畏惧，他严守立场，与敌针锋相对，维护了祖国的领空不可侵犯。陈亮通过细节描述，使我们从双方驾驶动作的对比中，能够感受到他置自身安危于不顾，国家尊严至高无上的伟大使命感和责任感。

面对极端恶劣的天气，首次走出国门的轰炸机飞行员艺高人胆大，充满自信地面对挑战，获得了世人的肯定和赞誉。正是有了这样的底气，陈亮才对战胜来犯之敌充满信心和勇气。陈亮以恶劣的天气来衬托飞行员英雄们的高超驾驶技术，让大家为之振奋。

凝聚产生力量，团结诞生希望。每次战斗任务的完成，少了谁都不行。作为领导，要关心爱护战士；作为战士，积极请战、冲锋在前。只有官兵齐心，拧成一股绳，才能克服困难，取得胜利。陈亮转换位置，分别从自己当兵和后来当团长时发生的故事讲起，向大家展现了中国军人牢不可破的团队意识。

作为中国军人，国家的发展和强大造就了他，而他也严格履行军人的职责，保家卫国。而陈亮这一番霸气话语，也震撼了我们的心灵，让我们对军人产生深深的崇敬之情。

这盛世如你所愿

周秉德

今天想给年轻的朋友们讲一讲我大伯周恩来年轻时候的几个故事。100年前，就是1917年，那时候大伯是从南开中学毕业去日本留学，途中在沈阳给他的小学同学写了一句话，这句话就是"愿相会于中华腾飞世界时——翔宇临别预言"。翔宇是大伯的字。

大家有没有注意，他是临别预言，而不是临别赠言，他预见到我们将来要腾飞世界。这句话是在他十九岁的时候讲的，而且也能够看到，他对于咱们国家的这种信念，对国家的热爱。他在晚年的时候，曾经说过一句话，就是"我这二十多年来的总理，主要抓两件事，一个是上天，一个是水利"。

我们现在看到，我们的国家发展是非常大的，我们不能够忘记，为咱们现在美好的时代付出了生命和鲜血的先烈们，同时也不能够忘记的，就是为了我们新中国的建设和发展，作出了自己贡献的、默默无闻的、做了非常普通的工作的人。我在二十岁出头的时候，伯父跟我讲了他自己的恋爱故事，好像是给我进行恋爱教育，恋爱观的教育。

那时，他就觉得他要找的终身伴侣，应该是一个能够在共同的革命征程中，可以克服一切艰难险阻，勇敢面对，这样的人才可以。因此他跟这位女士分了手，然后写信给在天津五四运动当中的讲演队长邓颖超。他在这个时候就告诉我：你要找一个终身伴侣，你要找朋友，要有一条，别的都不重要，重要的是要热爱国家，热爱人民，全心全意地为咱们的国家奋斗，有共同的志向，才应该是你找的终身伴侣。

我听了以后，我当然是很感动，我也是很接受他的教诲的。他给我伯母邓颖超写了很多信，也有明信片。在一个明信片上，有一个当时的油画，很著名的油画，是德国的两位革命家情侣，李卜克纳西和卢森堡。寄这个明信片的背后，我大伯给邓颖超写的是什么：愿我们两个人，和他们两个人一样，将来共同走向断头台。

这是情书啊，孩子们！情书，是这样说的！对这句话我特别感动，他们在年轻的时候就是这样地献身于自己的事业，自己追求的共产主义，这样一个事业。所以我觉得我们是必须要向他们学习的。因为有了这样一个共同的思想基础，所以他们两个人在今后的50多年当中，在革命的道路上，他们共同经历了在白色恐怖气氛下丧子之痛，他们两次没有孩子了；一起经历了两万五千里的长征路……

他们确实是经历了各种各样的艰难险阻和惊涛骇浪，但是他们一直感情是始终不渝的，相亲相爱，互相理解，互相支持，直到永远。这就是他们的革命情谊，革命爱情。后来在1975年6月15号，伯父已经在医院里头住了一年多了。

有一天伯母就给我打电话，说是"伯伯要回家，回到西花厅来，你可以回来看一看"。那我当然是非常高兴，也很想回去。但是非常不巧，那天我的先生有个老同学，几十年没见，第一次到北京，我的家在城郊，郊外比较远的地方。我想我伯伯最近又可以回来了，以后还有机会。那天我就留在家里头，给那位同学做饭，因为那个时候吃个饭很不容易的。

我就留在那了，就没有去西花厅跟伯伯见面，其实，我是错过了跟他最后一次见面的机会。后来我才知道，伯伯在给毛主席写的信当中，他曾经写的就是"膀胱出血还没有断，癌细胞还屡有发现，我现在的体重还有六十一斤"。

当我知道这样的情况，我真是觉得，懊悔又懊悔，怎么那天就没有回去，再最后看他一眼。所以很长时间，都不敢想这样的事。直到伯母去世之后，我们手捧着鲜花，伴着她的骨灰，撒向海河的时候，我心里就特别希望伯母能够在天上看到他，对他讲，我的懊悔，我今后一定要做出更多的事情，要懂得珍惜，要承担起自己肩头的各种责任。

我想，小到我们每个人，大到我们整个国家，只要每个人都以建业兴邦为己任，对社会尽责任，对工作负责任，对家庭也要尽到自己的义务，这样做，做好咱们自己每个人该做的事情，这就不辱使命，也不负时代。经过咱们几代人的努力，我们现在可以非常兴奋地、自豪地看到咱们国家的天宫号，咱们的天眼，咱们的北斗，咱们的航空母舰，一个一个的都在这个基础上有了非常强烈的发展，我们可以非常强烈地感受到我们国家的民族复兴，真的是从来没有现在这样令人感觉到如此之近。

而现在，我觉得我们可以勇敢地、大声地向伯伯说："我们的国家正在崛起，我们的民族正在腾飞，这个中华盛世，如你所愿。"

（本文有删减）

【点评】

周恩来（1898年3月5日—1976年1月8日），原籍浙江绍兴，1898年3月5日生于江苏淮安。1921年加入中国共产党，是伟大的马克思主义者，伟大的无产阶级革命家、政治家、军事家、外交家，党和国家主要领导人之一，中国人民解放军主要创建人之一，中华人民共和国的开国元勋，是以毛泽东同志为核心的党的第一代中央领导集体的重要成员。

1976年1月8日在北京逝世。他的逝世受到极广泛的悼念。由于他一贯勤奋工作，严于律己，关心群众，被称为"人民的好总理"。他的主要著作收入《周恩来选集》。

这篇演讲辞，是周恩来的侄女周秉德回忆周恩来总理，期待我们国家越来越强盛，期待我们国家盛世的到来。周恩来为人民可谓是呕心沥血，是人民的好总理，但是他未能看见我们今天祖国的繁荣昌盛，周秉德这篇演讲辞，歌颂了我们伟大的无产阶级革命家周恩来总理无私奉献的一生，也为我们今天中国取得的辉煌成就感到无比的自豪和骄傲。

只有中国军人，才叫人民子弟兵

范冠卿

　　大家好！2015 年 3 月 26 日，我们突然接到命令，千里急赴也门荷台达，撤离中外公民。荷台达港我们的军舰从来没有靠泊过，在这陌生的海域，水深安不安全？航道只有百米宽，水下有没有暗礁或是沉船？我们也不清楚。400 米的港池，我们的军舰 134 米，舰艇进去之后如何进行旋回？加上港区周围的安全环境怎么样，能不能保证我们舰艇的安全？这一连串的问题摆在我们面前。在这三天两夜向荷兰台达港行进的过程中，全体官兵以打仗的标准，立足最困难、最复杂、最危险的情况，充分预研、预判，制定了包括舰艇操控、战备状态、特情处置、安全管控、卫勤保障等 5 类 31 种方案，梳理了 41 个风险点，并制定了应对的措施，也就是说，我们要做好最充分的准备，以最快的速度把同胞从战火硝烟中转移出来。

　　就在我们军舰即将驶往荷台达港口的时候，我们的雷达上面就发现有 4 架战机从我们头顶呼啸而过，没多长时间，我们就可以看到远处的浓烟滚滚。在荷台达港口附近有两艘巴拿马籍商船，一看到这种情况，马上起锚，掉头驶离荷台达港。我们的军舰成了驶向荷台达港口的唯一的逆行者。炮火不长眼，我们的军舰在码头多一分钟，我们同胞的安危就十分危险，我们就拖船不解缆，引水员也不下舰，按照方案立即展开安检、登舰，人与行李分离，然后人员入舱安置，一气呵成。整个过程用时 71 分钟，455 名中外公民全部撤离完毕，平均每人用时不到 10 秒。

　　正当大家松一口气的时候，又一个困难摆在我们面前。我们全舰共有 256 张床位，突然增加这 455 人，怎么安置？我们师团职干部带头，腾出了 38 个舱室，251 个床位，撤离的同胞在舱室里面安静地睡着，而我们的战士蜷缩在通道里和衣而眠。住宿问题解决了，接踵而至的是吃饭问题。455人加上我们舰员，将近有 700 人，我们的餐厅最多能容纳 78 人同时就餐，这近700人只能分成9批来轮流用餐。每批用餐时间大概20分钟，一顿饭下来需要3个小时。这下子可苦坏了我们9名炊事班兄弟，一个晚餐，一个早餐，他们连续工作了14个小时，剁菜，双手剁得手脖子都肿了，最后两只手拿筷子都拿不起来。每每想到这些，我的心中都会油然而生一种自豪感，并不是所有的军人都叫人民子弟兵，只有中国军人才叫人民子弟兵。

（本文有删减）

【点评】

什么样的军人才叫人民子弟兵？海军112舰政委范冠卿在讲述也门撤侨事件时，通过抛出困难点、强化对比点、抠出闪光点的方法，展现了人民子弟兵的崇高情怀，让大家身临其境，感同身受。

海域陌生、航道狭小、港池较短、环境恶劣，这些困难一下就让听众认识到了撤侨任务的艰巨性。随后，范冠卿讲到全体官兵制定了5类31种应对方案，梳理了41个风险点，充分展示了海军迎难而上，沉着冷静，敢打硬仗的能力。让听众强烈地感受到，再大的困难，也大不过人民子弟兵的勇气。

一边是纷纷掉头离开的商船，一边是开足马力勇往直前的军舰，在硝烟弥漫的地方，这一强烈的对比，让听众心生敬意，只有人民子弟兵才能把人民的安危放在首位，才会越是危险越向前，才有无所畏惧的英雄气概。这样一组对比，看似毫无技巧，却胜过了千言万语。

官兵腾床、战士蜷缩通道、炊事员剁肿的手，这些细节无不让听众动容。什么叫人民子弟兵？什么叫军民鱼水情？只有想人民所想，急人民所急才叫子弟兵；只有把方便让给人民，把辛苦留给自己，那才叫作军民鱼水情。范冠卿抠出这几个闪光点，直观地彰显了军人心系人民的高尚情怀。

作为政委，范冠卿的讲话既兵味十足，又充满情感。他讲军事术语头头是道、信手拈来。言语之间又处处充满了人民子弟的爱民情怀。这样的讲话中听、动听、爱听。

下篇　朗诵篇

本篇由朗诵知识和精选朗诵稿点评形式。朗诵知识全面而实用；朗诵稿又分为幼儿园朗诵、小学生朗诵稿和中学生朗诵稿。

第四章　朗诵知识

　　同学们，你们喜欢朗诵吗？在学习和生活中，你们会经常用到朗诵吗？如果喜欢，又会用到朗诵，那么你们知道什么是朗诵？怎么能很好地表达作品呢？

　　叶圣陶先生曾说过："吟咏的时候，对于探究所得的不仅理智地理解，而且亲切地体会，不知不觉之间，内容与理法化而为读者自己的东西了，这是最可贵的一种境界。"

　　朗诵可以提高阅读能力，培养语感，增强对词语细致入微的体会能力，还有利于培养形象思维力，形成一定的思考力，养成眼到、口到、耳到、心到的良好学习习惯，更为重要的是还可以陶冶性情，开阔胸怀，带来自信，体验成功。

第一节　什么是朗诵

从小到大，我们经常听到：×××同学把《×××》课文朗读一下。我们最早接触到的是朗读，那么，朗诵和朗读有哪些区别呢？

《新华字典》中的解释是：朗，即声音的清晰、响亮。读，即依照文字念。诵，用有高低抑扬的腔调念。所以，相较于朗读，朗诵最大的特点是：有高低抑扬的调。也就是说，朗诵需要运用诸如停连、重音、语气、节奏等各种技巧表达丰富的情感，使语言"激昂处还他个激昂，委婉处还他个委婉"，通过情感表达直抒胸臆"凝结成一种独特的艺术感染力，深入并撼动听众的心灵"。

朗诵属于语言表演艺术，它是把文字作品转化为有声语言的艺术创作活动。简单理解，就是在理解、想象、感受文字作品的基础上，用清晰、响亮的声音将无声的书面语言变成活生生的有声语言。

朗诵要注意以下三个问题。

一、朗诵中的"我"是谁

朗诵不同于演讲，也不同于日常的说话，朗诵选用的作品一般都是诗歌、散文、小说等文学作品。文学作品有一定的思想意义，而且文字洗练精美，朗诵时，要深刻理解，调动自己的思想感情，找到艺术中的真"我"，用富于表现力和感染力的有声语言再度创作，展现出作品描写的人物、环境、生活场景等。而演讲中的"我"在绝大多数情况下，是演讲者自己，是演讲者抒发自己的心声。这是朗诵中的"我"与演讲中的"我"最大的不同。

二、朗诵中的"音声"

"音声"是朗诵艺术的重要特点之一。也就是说，无论朗诵者对作品理解得如何深刻，最终都要通过有声语言作为载体表现作品。音声主要是指朗诵者的声音。标准的语音，清晰的表达，圆浑雄厚、悦耳动听的声音，一张口，受众立刻就会被声音吸引。因此，在同学们朗诵学习的过程中，声音训练既是基础，也是贯穿始终的学习，因为它制约着朗诵水平提高的程度。

三、朗诵中的情感"真实"

朗诵是艺术欣赏，朗诵者语言表演的依据是一定的文字作品，无论是理解稿件、表达情感，还是形之于声，都要在文字作品的规定之下进行。朗诵者要了解作品所描述的环境、人物的命运，通过语言、眼神、表情，活灵活现地把作品的感受传达给受众。情感"真实"的关键是，摸透作品的"心"，才能真正准确地"言"。明末清初文学家、戏曲家李渔说："言者，心之声也，欲代此一人立言，先宜代此一人立心。"朗诵中的情感"真实"，是在规定情境下，还原作品的真实，而不是一味地为了追求做作地情感表达，更不是用拿腔拿调的语调、声音、形体语言刻意修饰。"声随情动，声由情发。"声音高不一定就是情绪激动，声音大也不一定就是强悍。朗诵者需要用一颗坦荡的心，自然、真诚的态度，调动自己的内心情感，使情感自然流露，从而和观众产生情感的共鸣。

第二节　朗诵中常出现的问题

在朗诵中，经常出现以下一些问题。

一、照字念音

有的同学朗诵时，一个字一个字地念，语言表达比较生硬，听不出完整的句段，停顿、重音、节奏更是无从谈起，也谈不上声音和情感的变化。

二、固定腔调

无论什么作品，都是一样的腔调，用不变的表达格式，去应对万变的作品内容。一味地从声音上刻意追求，不从作品内容出发，音与义隔离，声不表义，声不传情。初学者要特别注意避免形成"固定腔调"，一旦形成，便难以纠正。

三、自言自语

朗诵者往往会站在舞台上进行表演，目的是表达给别人听，要传情达意，而不是自言自语、自我陶醉、自我欣赏，所以，朗诵者要懂得运用语言、眼神、肢体、心灵与受众交流。

四、气息不稳

朗诵中有的同学声音偏小，像蚊子嗡嗡，有的有气无力，还有的声音一顿一顿，语气不连贯，或者上气不接下气，总让人担心不能继续说下去等，这些都和气息的运用有关。

五、吐字不清

吐字清晰是朗诵最基本的要求之一。有同学经常出现吐字不准，"吃字""丢音"，或者含混不清等现象，比如将"渣滓洞"说成"渣洞"，将"公安局"说成"官局"等。总之，吐字不清，发音不准，不仅容易产生歧义或者误解，还影响表达效果。

第三节　朗诵者需掌握的基本技巧和方法

古人说："三分诗，七分读"，这里的"读"，是古人倡导的"诵读"，也是今天我们所说的"朗诵"。怎样使朗诵的声音更加清晰洪亮？怎样才能增强表达的感染力？怎样更准确地传情达意？下面为同学们介绍一些朗诵的基本技巧和方法。

一、科学的发音状态

同学们，你们知道吗？口腔，作为最主要的发声器官，口腔状态的积极与否对于吐字和发音有很大的影响。如果口腔松懒，开合度不够，就会导致字音含混不清，也会缺乏一定的表现力。反之，积极的口腔状态，会提高字音的质量，使声音饱满，有表达力。

怎么使口腔积极起来呢？打开口腔显得非常重要，但是打开口腔并不等于张大嘴巴。张大嘴巴的时候，口腔的开口形状是"前口腔大于后口腔"。而我们说的符合要求的开口腔，是打开后口腔，也就是上腭部分用力上抬，口腔后部打开，呈现"前口腔小于后口腔"的形态。口腔的积极状态是怎么实现的呢？"提""打""挺""松"协调配合、缺一不可。

那么，"提""打""挺""松"具体指什么？

（一）提——"提颧肌"

"提颧肌"也有人叫"提笑肌"，就是找到微笑时的肌肉，用力向上提起，但要注意是上腭的前部向上抬起，这时感觉口腔前部展宽，鼻孔也有张大的感觉，同时唇尤其是上唇要紧贴牙齿，找到"唇齿相依"的感觉。实践中要注意，不要把笑肌当颧肌，或者是只找到了外部向上提的感觉而缺少口腔内的反向力。提颧肌会使字音听起来更加清晰明亮，声音更加积极。同时积极的面部表情会使人看起来充满精神。

（二）打——"打牙关"

上下颌之间的关节叫牙关。打牙关简单理解就是说话时上下槽牙间的距离要加大。可以想象一下用半打哈欠的状态打开牙关，把口张开，但口不要开大，然后慢慢闭拢。也可以尝试发带"a"的音节，如"蓝""晚""好"等。打牙关可以增加口腔的开度，改善元音音色，使吐字更加饱满圆润，声音通畅。

实践中要注意，打牙关不是上下门齿间的距离加大，而是后槽牙打开，适度加大口腔后部的空间，同时牙关的开合度要适中，避免过于僵硬，影响美观。

（三）挺——"挺软腭"

软腭的位置在上腭的后面，如果用舌尖从上腭往后舔能感觉到它是软软的。平时说话人们很少有意识地将其抬起，但是在语言艺术创作中，为了增加口腔的内部空间，使咬字更清楚，形成口腔共鸣，就需要将软腭挺起。同学们也可以尝试用夸张的"半打哈欠"的状态来体会软腭挺起的感觉。需要注意的是，这里的"挺"要"适度"，避免出现"音包字""压喉"等现象，从而影响字音的清晰度。

（四）松——"松下巴"

松下巴，就是让下巴放松。正确的咬字状态是口腔上半部分用力，下半部分也就是下巴自然放松。同学们可以尝试着用"牙疼"的感觉说话，来体会下巴放松的状态。放松下巴的目的也是打开口腔，使声音放松而持久，避免下巴紧张用力导致的舌头僵硬、喉头紧张等情况。需要注意的是，千万不要一说吐字就用力，错误地认为用力就是满嘴较劲、满唇用力，这都是不对的，这样只会导致下巴更用力、更紧张。

二、良好的气息控制

在朗诵中，有的同学经常会遇到嗓子累，声音无力，声嘶力竭，或者中气不足，气息短促，讲话费劲，或者出现句子太长一口气念不下来等情况。遇到这种问题该怎么解决呢?

气息，是我们发声的根源，所谓"气为声之本，气乃音之帅"，声音的强弱、高低、长短、大小以及共鸣等，都与气息有关。气息的呼出速度、流量、大小直接影响着声音的响亮度、清晰度、优美度、圆润度、持久度等。所以气息控制很重要。

（一）朗诵的呼吸方式

常见的呼吸方式有三种：一是胸式呼吸，二是腹式呼吸，三是胸腹式联合呼吸。

1. 胸式呼吸。 又叫肩式呼吸、锁骨式呼吸。顾名思义，这种呼吸方法，吸气时双肩上抬，发出来的声音浅，气息量小，容易使颈部、肩部、喉部，造成紧张感。避免胸式呼吸的主要方法是放松心理，消除紧张，使身体处于自然放松状态。

2. 腹式呼吸。 这种呼吸方法是依靠软肋的扩张、小腹的鼓起和收缩来进行。它吸气比胸式呼吸要深，但也有一定的局限性，发出来的声音偏低，音色沉闷，缺乏圆润明朗的色彩。

3. 胸腹式联合呼吸。 这种呼吸方法是通过胸、腹、膈肌互相配合，协同完成对于气息的控制。它有明显的呼吸支点，气息容量大。同时气息的控制能力强，稳劲，变化自如。朗诵会时大多采用胸腹式联合呼吸。

（二）吸气和呼气的要领

1. 吸气要领。 一是吸气要柔和、平稳，使整个胸部慢慢地自然扩张；二是呼吸时尽量做到吸气无声，可以用口鼻同时吸气；三是吸气量一定要保持适度。吸气多少，是根据表达时语句的长短、声音的高低、力度的大小以及情感表达的要求来决定。一般情况下，吸六七分满就可以了。

2. 呼气要领。 一是呼气时要持续、平稳、有节制；二是呼气时要做到自然、均匀、富有弹性；三是呼气要根据声音的高低、强弱、长短、快慢等具体情况，灵活地调整和变化。

（三）朗诵对气息的要求

朗诵对气息控制有较高的要求，要学会控制气息。概括起来，掌握"深、匀、通、活"四字方针，从而达到"稳定""持久""自如"的气息控制要求。

1.深，是指气息吸得深。吸气时双肩下压，气息下沉。避免声音发飘、发虚。

练习方法：可以用"叹气"的方法找到位置，注意要带着声音叹息，声音停落到底部的时候，就是你要找的位置，然后发延长音a、o、e、i、u、ü 等，保持声音的均匀持久。

2.匀，指气息呼得匀。呼出气息时，要控制呼气的力量，合理呼气，使气息平地、均匀、持久地呼出，否则，呼出的气息量忽大忽小、忽快忽慢，就会导致气息不够用，或者声音不稳定。

练习方法：可以采用数数、数枣、发延长音等方法练习。

3.通，指气息通畅。气息的运动通道畅通无阻，牙关、下颚、颈、肩、胸等都要自然、放松。喉不紧，胸不卡，气不憋，保持气息畅通。

练习方法：可以做夸张的四声练习，用声调的高低变化，体会气息上下运动的感觉。

4.活，指气息用得活。根据感情的需要，气息运动就会出现大小、快慢、松紧等变化。让气息在运动中富有弹性、保持活力。但是，气息的"活"，必须有气息的"深、匀、通"做基础，否则声音就会浮、浅、漂、散。

气息控制练习，看不见，摸不着，需要同学们用心体会，坚持练习，才能达到稳定、持久、自如的状态。总之，气息对朗诵艺术创作至关重要，同学们只有不断练习，扎实呼吸基本功，才能灵活运用呼吸。

三、准确的吐字发音

一般来说，朗诵要求按照普通话语音规范吐字发音。而咬字不准、吐字不清等问题直接影响着同学们能否学好朗诵。那么，对于吐字发音有哪些要求呢？

（一）准确

要求字音准确、语音规范。

要做到吐字准确规范，就要按照普通话的标准发音。

汉字的音节结构分为声、韵、调三部分。

1. 声：声指声母，按发声方法可分为7类：（1）双唇音阻，如b、p、m。（上唇和下唇接触，使语流受阻，比如：面膜、名门、帮忙、澎湃）（2）唇齿音阻，如f。（通过唇与齿的咬合而发出，比如：方法、丰富、放飞、反复）（3）舌尖中音阻，如d、t、n、l。（通过舌尖和上齿龈对发音气流构成阻碍而形成的发音：地铁、电脑、童年、能力）（4）舌根音阻，如g、k、h。（舌根与软硬腭的交接处构成阻碍，比如：高考、客户、更好、公开）（5）舌面音阻，如j、q、x。（舌面前部与硬腭前部构成阻碍，比如：技巧、景区、节气、气息）（6）舌尖前音阻，如z、c、s。（舌尖平伸抵住或接近上齿背，气流在这一部位受到阻碍后发出的音，又叫平舌音。比如：造成、组成、产生、彩色）（7）舌尖后音阻，如zh、ch、sh、r。（又名"翘舌音""卷舌音"，是由舌尖向上翘起和硬腭前部相接触，使气流受阻而构成。比如：主持、真实、周日、职称）

2. 韵：韵指韵母，按开头元音的发音口型分为4类：（1）开口呼。没有韵头，韵腹是a、o、e的韵母，如a、o、e、ai、ei、ao、ou、an、en、ang、eng等。（2）齐齿呼。韵头或者韵腹是i的韵母，如i、ia、ie、iao、iou、ian、ing等。（3）合口呼。韵头或者韵腹是u的韵母，如u、ua、uo、uai、uei、uan、uang、ueng、ong等。（4）撮口呼。韵头或者韵腹是ü的韵母，如ü、üe、üan、ün等。

3. 调：调指声调，声调的规范与否，决定着普通话朗读的规范程度。经常出现的声调问题是，调值偏低、偏高或者是声调与语调不统一。比如：有些方言地区把普通话的阴平调值55读成44或者33。普通话有4个声调，分别是：阴平（55）、阳平（35）、上声（214）、去声（51）。（见下图）

阴平：用五度标记法来表示，写作55，例如：春天。

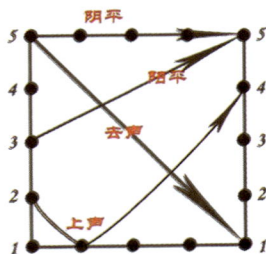

阳平，用五度标记法表示，写作 35。起音比阴平稍低，然后升到高，例如人民。

上声，用五度标记法表示，写作 214。起音半低，先降后升，例如美满。

去声，用五度标记法表示，写作 51。起音高，接着往下滑，例如注意。

（二）清晰

要求字音清楚，能让人听清所表达的意思。

要做到吐字清晰，需要注意以下两点：

1. 口型和发音器官到位。有的同学有意无意地会出现嘴巴没张，就开始发音。图省事发音不到位，这样很容易造成歧义，产生误解，甚至不能准确地表情达意。

2. 读准每一个字。朗诵时语句干净利索，不增字、减字，不拖泥带水，把习惯性的口头语逐渐减少，直至完全消除。

（三）圆润

吐字要"珠圆玉润"，颗粒饱满，这是对吐字的审美要求。

汉字的发音过程是从出字（即吐字）开始，经过立字到归音，在这个阶段形成了一个"枣核"形，即前面尖一点，中间拉开，最后再弱收到位。例如"怪"（guài），发音的三个阶段依次是 gu.a.i。声母 g、韵头 u，是出字；韵腹 a，是立字；韵尾 i，是归音。吐字归音掌握得好，字音会清晰、圆润，否则，就会发音不准，声音干瘪。

吐字归音中出字，立字，归音的发音要领是：第一步：出字，要求作到字头有力，咬狠，叼住弹出。第二步：立字，要求做到字腹饱满，吐圆，拉开立起。字腹就是元音。元音的发音必须要准确，"a、o、e、i、u、ü"必须发得非常到位。第三步：归音，要求做到弱收到位，收准，干净利落。比如："好" hǎo，字尾我们的口型应该是"u"的口型，因为要"弱收到位"，所以"u"不需要发得很明显，不是"haou"，而是"hao"。但"u"这个口型必须做到位，如果你不做到位，整个字音就不完整。

（四）集中

指发音力量要集中。

唇部力量集中在唇中央的三分之一处，注意嘴角不要用力。舌的力量也集中在软腭、硬腭前后的中纵线上。让声音沿着中纵线推到硬腭的前部，达到"自挂前腭"的感觉，集中、有力的声音更容易打动人心。

总之，吐字归音在朗诵中极其重要，它不仅会影响我们汉语普通话的标准程度，还是表达作品时传递情感的一种手段。吐字要做到"拢、弹、滑、挂、流"。拢，是指发音时唇、舌以及声音在口腔中向中纵部集中着力。弹，出字要准确轻巧地弹发，不黏，不连。滑，字音在气息的推动下，在口腔中的滑动感。挂，形成字音后，感觉挂于硬腭前部。流，最后字从口腔流出口外。这是对吐字发音的过程描述，它可以帮助同学们准确吐字，使声音清晰集中、圆润流畅。

第四节　表达的抑扬顿挫

抑扬顿挫大多用于形容悦耳的声音，是指朗诵中声音的高低起伏、停顿转折。抑：降低；扬：升高；顿：停顿；挫：转折。同学们在朗诵中要学会运用停连、重音、语调、语气等表达技巧，使声音抑扬顿挫，悦耳动听，增强表达力和感染力。

一、停连

停连，就是停顿和连接，是有声语言的标点符号。所以，朗诵中的停顿与连接，并不完全受标点符号的限制。标点符号是书面语言的停顿符号，也是朗读时有声语言停顿的重要参考依据。但是，朗诵中为了清楚地表达意思，在没有标点符号的地方，有时也会停顿；而有标点符号的地方，反而要进行连接。到底是停顿还是需要连接，这要根据语句的意思、层次以及思想情感来进行调整。总之，朗诵中的停顿和连接的依据是作品的内容和表情达意。

古时候有这样一个笑话：

一位吝啬的财主，想请一位私塾先生教其子女读书。当问及伙食标准时，私塾先生写下了"无鸡鸭也可无鱼肉也可唯蔬菜不可少分文不取"。财主一看"无鸡鸭也可，无鱼肉也可，唯蔬菜不可少，分文不取"，便请了这位先生。但教书第一天，私塾先生看到席上只有一碟蔬菜时便勃然大怒，明明说好的"无鸡，鸭也可；无鱼，肉也可；唯蔬菜不可，少分文不取"。你怎么不守诺言呢？

这虽是个笑话但让我们看到，停顿连接位置的不同，会造成意思表达的改变。所以，同学们对于停连技巧的学习，要注意以下几点：

1. 停连的位置和时间长短

理论界把停连的类型总结归纳为呼应性停连、区分性停连、并列性停连、分合性停连、强调性停连、判断性停连、转换性停连、生理性停连、

159

回味性停连、灵活性停连等 10 种。下面通过一些实例为同学们讲解其中常见的五种停连类型。

第一种，转换性停连。就是一句话中，由一种状态变成另一种状态，或者一个意思变成了另一个意思。

比如：风筝花花绿绿，各式各样，有"鹞鹰"，有"仙鹤"，有"蜈蚣"……∧可还没有"大蜻蜓"。我跟哥哥说："快，咱们快点让'大蜻蜓'飞上天吧！"为了凸显我和哥哥的风筝，可以在"可还没有'大蜻蜓'"前面加以停顿，表示感情的转换。

第二种，呼应性停连。朗诵前一定要弄清这类句子之间"呼"和"应"的内在联系。了解谁是"呼"，谁是"应"；一个句子里有几个"呼"，几个"应"；是先"呼"后"应"，还是先"应"后"呼"；等等。

比如：乌云 / 听出了 / 愤怒的力量、/ 热情的火焰 / 和胜利的信心。 这是一呼几应的句子，"乌云"是一呼，愤怒的力量、/ 热情的火焰 / 和胜利的信心都是应。

第三种，并列性停连。这类停连，句子之间是平等的，有着同等位置、同等关系或者同等样式等，这类句子经常会出现"有的，有的"，或者"和""与""跟""同"等，或者是顿号等符号分隔。

比如：荷叶挨挨挤挤的，像一个个大圆盘，碧绿的面，淡绿的底。白荷花在这些大圆盘之间冒出来。有的∧才展开两三片花瓣儿。有的∧花瓣儿全展开了，露出嫩黄色的小莲蓬，有的∧还是花骨朵儿，看起来饱胀得马上要破裂似的。在"有的"之后停顿，以表现并白荷花几种不同花朵状态的列关系。第二个"有的"很容易与"花瓣"连接，意思就变了，与原意不符，也破坏了并列关系。

再比如：小草偷偷地从土里钻出来，嫩嫩的，绿绿的。园子里，田野里，瞧去，一大片一大片满是的。"嫩嫩的，绿绿的""园子里，田野里"也属于并列关系，虽然有标点符号，但是朗诵时可以做连接处理，语义会更加明确，同时也有利于形成节奏感。

第四种，强调性停连。这是用得最多的一种，它和重音有着密切的关系。

比如：自古称作天堑的长江，被我们∧征服了。一桥飞架南北，天堑变通途。南京长江大桥，为中国人民争了一口气！为了强调这样的"征服"，在"征服"前要停顿一下。

再比如：骑在人民头上的 /，人民把他摔垮 //；给人民做牛马的 /，人民 / 永远 ~ 记住他 //！把名字刻入石头的 /，名字 / 比尸首 / 烂得更早 /；只要春风吹到的地方 /，到 ~ 处 ~ 是 / 青 ~ 青的野草 //。人民 / 永远 ~ 记住他 //，这句话，"人民"后停顿，是强调了"给人民做牛马"的人，尽管毫不显眼，却是伟大的，表达了对有的人虽死犹生之歌颂。

第五种，判断性停连。判断性停连主要是在判断和思索的地方进行停或者连，它是为了表达思维的脉络和思维过程中的感受。

比如：然后他待在那儿，头靠着墙壁，话也不说，只向我们做了个手势："散学了，——你们∧走吧。""散学了"后有较长停顿，表现内心沉痛的思绪："祖国沦陷了，最后的一课结束了！什么时候能再用自己的民族语言上课呢？"然后又回到了现实中，说出"你们∧走吧"。"走吧"之前稍稍顿一下，是为了突出表现出悲伤与不舍。

停连的时间长短，没有固定的模式，"长"停，大多为声音的休止，"短"停，是稍作顿挫。总之，停连的时间长与短，是以语言内容、逻辑关系以及情感运动的具体变化为依据，以让人听懂、听明白才是表达的目的。

2. 停连的方式

首先，说停顿的方式。

一是扬停。在语意未完或者表达雄壮、自豪、坚定等情绪时用扬停。

比如：座中泣下谁最多？江州司马∧青衫湿。"谁最多"语气加重上扬，有疑问的语气。"江州司马"后长停，音断意不断，"青 ~ 衫 ~ 湿"虽轻声，但一字一拖，语意相连。

再比如：百十个斜背响鼓的后生，如百十块被强震不断击起的石头，狂舞在你的面前。骤雨一样，是急促的鼓点；旋风一样，是飞扬的流苏；乱蛙一样，是蹦跳的脚步；火花一样，是闪射的瞳仁；斗虎一样，是强健的风姿。黄土高原上，爆出一场多么壮阔、多么豪放、多么火烈的舞蹈哇！文章用排比的修辞手法，用扬停突出了安塞腰鼓气势的壮阔和豪放。

二是落停。落停是在一句话、一个层次或者一篇文章结束时使用。一句话，或者一个层次，一篇文章结束后，声音也要呈落式，然后缓缓收住。

比如：夜深了，星星困得眨眼，老师，休息吧，让花香飘进您的梦里，那梦啊，准是又香又甜。"又甜又香"结尾处要以落停缓收，感受伴随着浓浓的花香入梦。

其次，说说连接的方式。

文章有标点符号，但是由于内容、情感等表达的需要，要不中断、不休止，或者缩短时间连起来朗诵。连分为直连和曲连两种。

一是直连（顿号标点最典型）。

比如：不光有史册上万古不朽的∧孔夫子、⌒司马迁、⌒李自成、⌒孙中山，还有那文学史上万古不朽的∧花木兰、⌒林黛玉、⌒孙悟空、⌒鲁智深。我骄傲，我是∧中国人！

虽然有顿号，但是但内容连接紧密，不用换气，所以朗诵时用直连处理。

二是曲连。曲连给人似停非停、环环紧扣的感觉，达到声断意连，类似于歇气。

比如：坐着，躺着，打两个滚，踢几脚球，赛几趟跑，捉几回迷藏。句子间有逗号，有间隙，但是这组排比句，节奏要紧凑，朗诵起来每个动作环环紧扣，不能换气，让人们看到封冻了一冬的人们各种户外活动、锻炼身体的场景，感受到了沐浴着春阳的惬意。

以上就是停连运用的基本技巧和方法。实践中不能简单套用这些方式，一定要根据内容的实际和思想感情的变化并联系自己的生活体验，发挥创造力，还要结合重音、语气、节奏等多种技巧来灵活处理，做到正确和恰当地运用停连。

二、重音

在朗读中，为了准确地表达语意和思想感情，一些起着重要作用的词或短语就会被强调或者突出出来，被强调或者突出的这个词或短语通常就叫重音。

1. 重音的类型

理论界把重音的类型总结归纳为并列性重音、对比性重音、呼应性重音、递进性重音、肯定性重音、强调性重音、比喻性重音、拟声性重音、反义性重音、转折性重音等十种。下面通过一些实例为同学们讲解其中常见的五种重音类型。

第一种，并列性重音。词或短语在段落中通常地位平等地呈现，表达中我们需要显示出它们之间的并列关系。

比如：她是有丁香一样的颜色，丁香一样的芬芳，丁香一样的忧愁。句子中"颜色""芬芳""忧愁"是并列关系，将既有美丽姿态和颜色，又有丁香的高洁和芬芳，还有丁香的忧愁与哀怨的女性特点表达出来，所以，朗诵时要做重音处理。但可以用不同的重音处理方式。其他重复出现的词语一般不做重音。

第二种，对比性重音。对比性重音就是突出语句中词语对比关系，把明确观点、渲染气氛、深化情感的词语突出出来。

比如：跟着他来的全体随员也仔细地看了又看，可是他们也没有比别人看到更多的东西。"他们"和"别人"就是一对对比性词语，"大臣和随员"与"别人"一样什么都没看见，但是也在不住口地夸赞布料美极了。这种对比性重音的处理，可以表达出他们的虚伪和自欺欺人。

第三种，呼应性重音。呼应性重音的呼应和停连中的"呼"与"应"很接近，需要找到句子中"呼"与"应"的内在联系，使文章层次清晰、结构完整。

比如："哎，您一点意见也没有吗？"一个正在织布的织工说。"啊，美极了！真是美妙极了！"老大臣说。"意见"是前一句的重音，"美""真"是后一句的重音，分别是一呼一应。

第四种，强调性重音。为突出某种感情，有些副词、数量词等，只要符合表达的目的，符合形象需要，就要敢于强调。

比如：那只最后从蛋壳里爬出来的小鸭是那么丑陋，他处处挨啄，被排挤，被讪笑，不仅在鸭群中是如此，连在鸡群中也是这样。"最后""那么""处处""鸡"等词语的强调，体现了丑小鸭被嘲笑、排挤，被欺侮，被人看不起的境遇。

第五种，递进性重音。词语表达的内容步步递进、层层发展，后一个比前一个更能揭示深一层的含义，这些词语就是递进性重音。

比如：竹叶烧了，还有竹枝；竹枝断了，还有竹鞭；竹鞭砍了，还有深埋在地下的竹根。这句话采用了顶针的修辞手法，重音位置在句末，重音的突出把竹子不倒的精神展现在了大家面前。

2. 重音的表达方法

重音的表达方式主要有以下三种。

第一种，强中见弱。用声音强弱的转换和变化来强调重音。

比如：让暴风雨来得更<u>猛烈</u>些吧！"猛烈"声音加强，才能表达出迎难而上的精神。

第二种，快中显慢。这是一种用声音的长短、急缓、停连等变化来强调重音的方法，在强调重音时还可在重音前后运用停顿和连接的技巧。

比如：随着一阵拔尖的<u>刹车</u>声，樱子的一生轻轻地<u>飞</u>了起来。缓缓地，<u>飘</u>落在湿冷的街面，好像一只夜晚的蝴蝶。句首"刹车"语速要快，"飞""飘"语速要放慢，这一快一慢中，惨烈的车祸才会定格。

第三种，实中见虚。通过声音的虚实变化来强调重音，声音可以虚中转实，或者实中转虚。

比如：风，<u>呼呼</u>地刮着。雨，<u>哗哗</u>地下着。"呼呼""哗哗"声音要拖长，"呼呼"可以用虚声，"哗哗"可以用实声。

重音表达的方法还有很多种，总的原则：<u>重音不是简单重读</u>，而是将需要强调的词或短语，通过音高、音量和语速等不同的方式"突出"出来，让它"与众不同"。

三、语气

《义务教育语文课程标准》中要求同学们"学习用恰当的语气语调朗读，表现自己对作者及其作品情感态度的理解"。那么什么是语气？不同的文章，语气色彩和分量有哪些不同呢？下面结合具体的例子和大家说说不同的声音、不同的气息怎样表达出不同的语意和感情。

1. 语气是什么呢？

"语"是声音，是不同的思想感情支配下发出的有声语言。"气"是气息状态，不同的气息状态决定着不同的声音形式。就朗诵而言，语气里既有内在的思想感情的色彩和分量，也有外在的高低、强弱、快慢、虚实的声音形式的变化。所以，语气是在一定思想感情支配下的语句的声音形式。

简单说，语气是"语"的声音形式加"气"的气息状态的结合。

同样一句话，比如：你真聪明！表示赞扬的时候，气息平缓自然，声音也会柔和动听，而相反表示讽刺的时候，和赞扬的语气气徐声柔不一样，要气浮声跳，我们可以把"真"字上扬，特别加以强调，以帮助听众听出这言外之"音"的意味来。

2. 语气的表达技巧怎么运用到朗诵中

一要确定文章的基调。

基调是一篇文章中总的感情色彩和分量，是作家写作文章的时候，用文字来表达的思想感情。同学们在朗诵一篇文章之前，也要认真体会文章说的是什么意思，里面都蕴藏着什么样的思想感情。

比如：真好！朋友送我一对珍珠鸟，放在一个简易的竹条编成的笼子里，笼内还有一卷干草，那是小鸟儿舒适又温暖的巢。有人说，这是一种怕人的鸟。

我把它挂在窗前。那儿还有一大盆异常茂盛的法国吊兰。我便用吊兰长长的、串生着小绿叶的垂蔓蒙盖在鸟笼上，它们就像躲进深幽的丛林一样安全；从中传出笛儿般又细又亮的叫声，就格外轻松自在了。

整篇文章的基调是一种喜悦、喜爱、怜爱的感情，"真好！朋友送我一对珍珠鸟"，起调可以中度轻起，声音要轻柔，"真好！"两字声音上扬，"朋友"二字紧接其后，到"珍珠鸟"三字舒展开，平稳落下。

二要分辨句子中喜怒哀乐的感情色彩。

总的基调确定了，还要仔细分析每一句话的语气。张颂教授在《朗读学》一书中，把感情色彩分为挚爱和憎恨类、悲哀和喜悦类、惊惧和欲求类、焦急和冷漠类、愤怒和疑惑类等五类十种基本感情色彩，朗读时要根据文章的内容作出相应的判断。

比如：她也笑了，坐在我身边，絮絮叨叨地说着："看完菊花，咱们就去'仿膳'，你小时候最爱吃那儿的豌豆黄儿。还记得那回我带你去北海吗？你偏说那杨树花是毛毛虫，跑着，一脚踩扁一个……"她忽然不说了，对于"跑"和"踩"一类的字眼儿，她比我还敏感。她又悄悄地出去了。

同学们在朗诵"你偏说那杨树是毛毛虫，跑着，一脚踩扁一个"时，很容易将"踩扁"两字重读。但是，仔细分析会发现，这段文字是母亲回忆起孩子小时候的情景，母亲意识到了自己说错话，怕刺激，就停了下来。所以，这里面的"跑"和"踩"只是母亲一时无意说出来的，我们采用自然叙述的语气就可以，不必突出强调。

四、语调

现代汉语中说："字有字调，句有句调"，字调是我们说的阴阳上去的声调。而句调也叫语调，是语句的高低升降变化。

句调根据表示的语气和感情态度的不同，可分为四种：升调、降调、平调、曲调。

升调（↑），前低后高，语势上升。一般用来表示疑问、反问、惊异等语气。

比如：莲之爱，同予者何人？（↑）（选自人教版初中《语文》教材七年级下册《短文两篇》）

降调（↓），前高后低，语势渐降。一般用于陈述句、感叹句、祈使句，表示肯定、坚决、赞美、祝福等感情。

比如：牡丹之爱，宜乎众矣！（↓）（选自人教版初中《语文》教材七年级下册《短文两篇》）

平调。（—），这种调子，语势平稳舒缓，没有明显的升降变化，用于不带特殊感情的陈述和说明，还可表示庄严、悲痛、冷淡等感情。

比如：我们的一言一行，都代表着学校的形象。（—）

曲调（～）。全句语调弯曲，或先升后降，或先降后升，这种句调常用来表示讽刺、厌恶、反语、意在言外等语气。

比如：难道我还不如这一只虫子？（～）

再比如："上帝，这衣服 / 多么合身啊！式样裁得 / 多么好看啊！"大家都说。"多么美的花纹！多么美的色彩！这真是一套 / 贵重的衣服！"

第五节　恰当的传情达意

朗诵的目的是传情达意。唐代诗人白居易说："感人心者，莫先乎情，莫始乎言，莫切乎声，莫深乎义。"情真意切才能震撼心灵。对于学习朗诵的同学们，不仅要耳朵、眼睛反应灵敏，还要调动除眼看、耳听之外的舌头、鼻子、皮肤等感觉器官，多观察、多思考，将生活画面、感知存储在大脑中，在整体理解、细节感受的基础上通过有声语言传情达意。

一、建立画面意识

爱因斯坦曾说过：想象力比知识更重要。朗诵者需要通过视觉、听觉、触觉、味觉、触觉、时间空间感受等，对文字表达的内容，进行情景想象，使作品像电影一样形成连续活动的画面，身临其境，触景生情，听众也随着你的朗诵内容似乎"看到""听到""闻到"，从而受到感染，产生共鸣。

比如：几对燕子飞倦了，落在电线上，变成了正待演奏的曲谱，蓝天、白云、草原、牛羊，构成一幅天然的美丽的图画，正在这时候，大雨点儿噼里啪啦地打下来。

这句话中有三个画面：一是燕子落电线上；二是蓝天、白云、草原、牛羊、雨点的自然全景画面；三是雨点儿的特写。我们需要通过有声语言创作把画面展现给受众，在专业术语中叫情景再现。通过有声语言把燕子、蓝天、白云、草原、牛羊四种不同的事物，不同的高低、远近、位置、大小表达出来。

再比如：湖 / 所产生的 / 湖边的树木 / 是睫毛一样的镶边，而四周的森林 / 翁郁的群山和山崖 / 是它的浓密突出的眉毛。同学们朗诵中可以想象一下，是用什么样的镜头画面描写的？湖（一片湖），湖边的树木 / 是睫毛一样的镶边（树木像睫毛，湖就成为眼睛，此刻的镜头应该是拉开的），群山和山崖 / 是它的浓密突出的眉毛（这是运动的画面，镜头在上面逐渐拉远，群山和山崖才像眉毛）。

"情景"再现要真实生动，才能感染受众、打动受众，也才完成了有声语言的"达意""传情"的目的。但是，有的朗诵，看起来有模有样，就是不能打动受众，原因是对于细节的感受不够。朗诵者要唤起受众的感情，使受众与自己同喜同悲同呼吸，就要求和朗诵者必须仔细体味作品，细致感受。

比如：黄河之水天上来（黄河之水从天上而来，表示天之高），唯见长江天际流（长江浩浩荡荡地向天边流去，表示天之远）。

再比如："外婆一掀开锅盖，煮熟的粽子就飘出一股清香来。剥开粽叶，咬一口粽子，真是又黏又甜。"同学们朗诵时，可以想象着一掀开锅盖，扑面而来的香气让人垂涎欲滴。当朗诵到"飘出一股清香来"时，会深吸一口气，感受到一股甜香味扑鼻而来，仿佛真的看到了满锅的、各种美味的红豆粽、鲜肉粽、红枣粽，之后，迫不及待地取粽、剥粽、咬粽！当这份幸福洋溢在脸上时，朗诵的内容自然会成为内心真情的流露。

二、挖掘内在语

古人说："言有尽而意无穷"，文章不可能将所要表达的内容和思想感情一字不落地写出来。内在语就是语言中不便表露、不能表露或没有完全显露出来的语句本质意义，它也是承接语言链条的结节点。通俗地讲，也叫话里有话。有了内在语，语言才有了光彩。内在语主要体现在以下两个方面：

1. 语句链条的连接点

句与句、段与段、层与层之间不是单摆浮搁、彼此割裂的，而是有着一定联系的。

比如：转朱阁，低绮户，照无眠。不应有恨，何事长向别时圆？人有悲欢离合，月有阴晴圆缺，此事古难全。但愿人长久，千里共婵娟。诗从人到月，从古到今，很有哲理意味。"转朱阁，低绮户，照无眠。"于是，诗人埋怨明月说："不应有恨，何事长向别时圆？"之后，诗人把笔锋一转，说出一番宽慰的话："人有悲欢离合，月有阴晴圆缺，此事古难全。"自古以来就难有十全十美的事，既然如此，又何必为暂时的离别而感到忧伤呢？所以，朗诵中，要注意语句的连接点：转朱阁，低绮户，照无眠。

（唉，埋怨）不应有恨，何事长向别时圆？（我懂得了，自古就没有十全十美的事）人有悲欢离合，月有阴晴圆缺，此事古难全。（所以祝福）但愿人长久，千里共婵娟。

2. 揭示语句的本质

有时表面的文字语言和内在的含义并不一致，看起来是一个意思，说出来可能又是另外一个意思了。

比如："我爱你"，这里的"爱"，也可能是"恨"。语境不同，表达的语气不同，就可能产生截然相反的意思。这也就有了"言外之意""弦外之音"。

再比如：乌云越来越暗，越来越低，向海面直压下来，而波浪一边歌唱，一边冲向高空，去迎接那雷声。（选自人教版初中《语文》教材八年级下册《海燕》）这篇文章是用象征的手法，朗诵时需要领会"海燕"的精神内涵，"乌云原来越暗，越来越低，向海面直压下来，"语句本质是，反动势力越来越残酷的镇压革命。只有准确理解，才能准确、贴切地把握作品。

三、情、声、气结合

朗诵中要以情代声、以声传情，气随情动，声随情出，气生于情而融于声。情、声、气的关系是：情是依托；声是载体；气是动力。朗诵中要善于把握情、声、气的自如状态，在自如状态下，强调控制性。相反，只有控制性没有自如性，情、声、气就会显得生硬。

第五章　精选朗诵稿点评

第一组　幼儿朗诵稿

祖国在我心间

作者：佚名

小小的地球仪摆在眼前，
妈妈夸我的眼睛真尖：
第一眼就找到了中国，
像只金鸡昂首在太平洋边。
第二眼就找到了北京，
辽阔的版图上那红色的星点。
第三眼就找到了故乡福建，
隔海望去是祖国的台湾。
若问我眼力为什么这样好，
因为祖国时时在我心间。

朗诵提示

　　本篇诗歌因短小易读非常适合低幼年龄段儿童朗诵。但是，孩子是否观察过地球仪？是否在地球仪上寻找过中国所在的位置？在中国版图上是否观察过首都北京和自己所居住的城市（地区）的位置？请给孩子真的观察地球仪的机会，让孩子直观地感受到祖国版图的形状并认识金鸡形的意义，感受到作为中国人的自豪。然后由衷地有感情地朗诵好这首诗歌。

歌唱祖国

作者：王莘

您是一幅
用亿万双手绘出的彩图，
每寸土地
都开满改革开放的花朵。
您是一曲
用雷锋精神谱出的颂歌，
每一个人
都是这首颂歌的作者。
您是一尊
用奥运会金牌铸成的巨人，
五湖四海
都赞美您的智慧和品格！

朗诵提示

　　本篇诗歌虽然短小，但诗歌的语句所包含的意义需要让孩子们更具体地感受。可以拿出绘有祖国大好河山的照片，引导孩子们回忆自己亲自游过的美景；可以给孩子们讲述改革开放后巨变的一些故事，以家人、熟人的变化的故事和现在能看到的实物与老照片对比等形式，引导孩子们认识什么是改革开放并有切身的体验；引导孩子们认识雷锋和千千万万雷锋式的榜样，让他们感受社会的温暖；引导孩子们关注我国体育健儿的巨大成绩，让他们感受奥林匹克大家庭中国健儿的成就，使他们直观地感受祖国的伟大，以无比自豪的心情由衷地用朗诵的形式赞美祖国。

祖国就是我的课本

作者：佚名

老师说：

祖国比蓝天还高。

我便放出一个彩色的风筝，

在轻盈的翅膀上，

我的心

如风笛唱个不停。

妈妈说：

祖国比春天还美。

我就走向五彩的花丛，

每一颗晶亮的露珠，

嵌着我

惊喜的眼睛。

我说：

祖国就是我的课本，

每一页都五彩缤纷。

我读呀，读呀，

一定要把她读懂，

那里面有——

原子能电站，

还有航天的飞船……

朗诵提示

诗歌用通俗易懂的比喻，引导小朋友的所作所为都是为了祖国的更加美好，更加有意义的是，把今天的学习和祖国联系在一起，鼓励小朋友好好学习，未来成为有用的人。要引导小朋友想象诗中描绘的情景，心里有画面感，感情有真实性，从而激发应有的感情，朗诵出真情实感。

祖国，感谢您

作者：谷传民

祖国，感谢您！
感谢您赐予我金色的生命！黄皮肤，黑头发，黑眼睛，
让我的身体里流着炎黄子孙的热血！

祖国，感谢您！
感谢您给予我优美的环境！游黄山，登长城，过三峡，
让我在这青山绿水中自由地徜徉！

祖国，感谢您！

感谢您传授我渊博的知识！学天文，习地理，明历史，

让我在知识的海洋中尽情地遨游！

祖国，感谢您！

感谢您所给予我的一切！千言万语，汇成一句：

感谢您，我的祖国母亲！

朗诵提示

　　本篇诗歌是比较有代表性的歌颂祖国的诗篇。从作为屹立于世界民族之林的中国人的骄傲，到对世界上独一无二的丰富广袤领土、历史和人文面貌、青山绿水的热爱，意识生活学习在获取知识的热土、无忧无虑学习的切身感受，都能对祖国的感谢变得更加自觉。引导孩子们去了解历史、领略山河，在日常学习中体味吧，让他们将"感谢"从心中由衷地涌出！

彩色的中国

作者：佚名

轻轻打开地图册，

我第一眼就看到了彩色的中国。

碧绿的是草原——

草原的广袤与海的辽阔让人荡气抒怀；

蔚蓝的是大海——

渺小的我们只是汇入大海的一颗水滴；

金黄的是沙漠——

处处热浪袭人，

仿佛燃烧着熊熊火焰；

银白的是雪山——

在柔和的月光下映衬得皎洁明亮。

多彩中国映入眼帘，

祖国的版图上盛开着鲜艳的花朵。

簇拥着一颗闪闪红星，

首都是北京。

面对这美丽的图画，

我们放声歌唱：

我爱学校，我爱家乡，

我爱您，中国！

朗诵提示

　　本篇诗歌同样是热情歌颂祖国的诗篇，但它非常具体地从具有代表性的祖国景观去引人感受。随着人们生活水平的提高，起着开阔视野作用的游览活动也越来越普遍，即使是低幼儿童，领略过草原的广袤，体验过大海的辽阔，甚至熟悉沙漠、雪山风光的孩子也不鲜见。引导孩子把那些直观的粗浅印象和对祖国的热爱联系起来，让他们从地图上、从国旗上、从课堂里，处处感受祖国的无所不在，感受带给我们幸福的祖国值得我们由衷地吟诵出"爱"字！

第二组 小学生朗诵稿

我们爱你，中国！

作者：胡景晖

当灿烂的阳光跳出东海的碧波，
帕米尔高原依然是群星闪烁；
当北国还是银装素裹的世界，
南疆早已洋溢着盎然的春色。
啊，我们爱你，中国！

我们爱你——
桂林山水的清奇俊秀，
杭州西湖的浓妆淡抹，
黄山、庐山的云雾缥缈，
长江、黄河的波澜壮阔。

我们爱你——
龙井茶的清香，
茅台酒的淳美，
江南丝绸的光洁绚丽，
景德镇陶瓷的天工巧夺。

我们爱你——

傣家竹楼前如水的月色，

世界屋脊上布达拉宫的巍峨，

吐鲁番的葡萄，哈密的瓜，

大草原的羊群，戈壁湾的骆驼。

我们爱你——

战国编钟奏出的古曲，

改革开放谱写的新歌，

神州万里涌动的滚滚春潮，

祖国大地燃起的希望之火。

我们爱你——

奋斗写书的史册，

汗水浇灌的硕果。

松树的伟岸，梅花的高洁，

博大的胸怀，恢宏的气魄。

我们骄傲，我们自豪，

我们奋发，我们开拓，

你是世界民族之林的强者，

我们爱你啊，中国！

朗诵提示

　　这篇作品描述了遥远的祖国疆域景色、不同地区的旅游景点、不同产地的名优特产以及悠久历史的战国古曲。因此，同学们应该在此基础上广泛联想，认识到祖国的地域辽阔、江山多姿、物产丰富、历史悠久，从而增强民族自豪感、自信心。由衷并深情地吟诵出："我们爱你啊，中国！"

国徽

作者：佚名

我拾到一分硬币，
我去交给老师，
我要先擦掉
它上面的污泥，
为的是让硬币上的
国徽像一颗星，
闪烁在我小小的
温暖的手心里。

我走在大街上，

我扶起一个摔倒的小弟弟；

我看见：

警察叔叔甜甜的微笑

把他帽子上的国徽

映照得更美丽。

有一天，

我走过天安门，

我看见：

我们的国徽

和太阳在一起，

照耀着我，

也照耀着

祖国辽阔的大地。

（选自北师大版小学《语文》三年级教材上册）

朗诵提示

　　这一首简短、轻快的诗，感情的表达十分朴素，同学们在朗诵的时候，节奏要明快，语音要朴实。

我骄傲，我是中国人

作者：王怀让

在无数蓝色的眼睛和棕色的眼睛之中，
我有着一双宝石般的黑色眼睛。
我骄傲，我是中国人！

在无数白色的皮肤和黑色的皮肤之中，
我有着大地般黄色的皮肤，
我骄傲，我是中国人！

我是中国人——
黄土高原是我挺起的胸脯，
黄河流水是我沸腾的热血，
长城是我扬起的手臂，
泰山是我站立的脚跟。

我是中国人——
我的祖先最早走出森林，
我的祖先最早开始耕耘，
我是指南针、印刷术的后裔，
我是圆周率、地动仪的子孙。

我是中国人——

在我的民族中，

不光有史册上万古不朽的孔夫子、司马迁，

还有那文学史上万古不朽的李白、曹雪芹，

我骄傲，我是中国人！

我是中国人——

在我的国土上

不光有雷电不倒的长白雪山、黄山劲松，

还有那风雨不灭的井冈传统、延安精神！

我是中国人——

我那黄河一样粗犷的声音，

回荡在联合国的大厦里，

回荡在奥运会赛场的上空，

当掌声把五星红旗托起，

我骄傲，我是中国人！

我是中国人——

我那长城一样巨大的手臂，

把采油钻杆钻进外国人预言打不出石油的地心，

把通信卫星送上祖先们梦魂萦绕的天宫。

当五大洲倾听东方声音的时候，

我骄傲，我是中国人！

我是中国人——

我是莫高窟壁画的传人，

让那翩翩欲飞的壁画与我们同行。

我就是飞天，

飞天就是我。

我骄傲，我是中国人！

（选自沪教版小学《语文》教材四年级上册）

朗诵提示

这是一首流传甚广的抒情诗，诗中抒发了诗人对祖国的热爱之情和身为中国人的自豪之感。诗中充满激情，诗句整齐，节奏激越。朗诵时，应带出这一特点，情绪饱满，节律分明，注意"定语结构"的处理，注重其内涵与形式的具体和多样。此诗可作集体、配乐朗诵的训练。

美丽的集邮册

作者：高帆

我有一本美丽的集邮册，
标题就叫"伟大的祖国"，
头一页是国旗、国徽、国歌；
还有一张"开国大典"，
记录着历史上那个神圣的时刻。

啊，翻开我的集邮册，
就好像游览祖国的壮丽山河——
你看万里长河绕群山飞舞，
你看长江大桥像彩虹降落。
登庐山，看瀑布飞腾；
游黄山，看云海扬波。
苏州园林玲珑俊秀，
布达拉宫壮丽巍峨。
西双版纳有着多么迷人的月色，
桂林山水藏着多少动人的传说。
日月潭、半屏山在做思乡的梦，
黄帝陵、轩辕柏在唱古老的歌……

啊，翻开我的集邮册，
眼前流过祖国历史的长河——
一件件古代发明，
是我们祖先智慧的结晶；
一件件出土文物，

是我们祖先劳动的硕果。

精美的青铜器是谁雕琢？

敦煌壁画，

留下多少艺术大师光辉的笔墨；

石桥古塔，

留下多少能工巧匠不朽的杰作！

秦始皇陵的兵马俑啊，

你使全世界惊叹；

出自古都的唐三彩啊，

你使多少人着魔……

啊，翻开美丽的集邮册，

我更加热爱伟大的祖国，

你有壮丽的山川，灿烂的文化，

你雄伟辽阔，朝气蓬勃。

伟大祖国的光辉，

使我的集邮册放射光彩，

我就用这美丽的集邮册，

歌颂我们伟大的祖国。

（选自北师大版小学《语文》教材四年级上册）

朗诵提示

这首诗通过邮票表达对祖国的爱，同学们朗诵的时候眼前要有画面感，不论是自然景观，还是文化古迹，都是祖国的一部分，朗诵者要带领观众进入诗歌表达的情境和画面之中。

我们爱祖国

作者：金波

什么是祖国？
我们天天在思索，
一年长一岁，
答案有千万个。

小时候，她是妈妈的摇篮曲，
长大了，她是长江、黄河，
她是巍峨的烈士纪念塔，
她是蓝天里飞翔的白鸽，
她是国徽在阳光下闪烁，
她是夜晚的万家灯火。

她是秋天长长的送粮车队，
她是草原成群的牛羊骆驼，
她是钢水奔流、钻塔林立，
她是熊熊燃烧的奥运圣火。

祖国是新建的高楼大厦，
祖国是古老的神话传说，
祖国是历史课本中的英雄故事，
祖国是我们心中的一首爱之歌。

什么是对祖国的爱？

我们天天在思索，

一年长一岁，

答案有千万个。

小时候，它是我画的第一幅画，

长大了，它是我献给土地的花朵，

现在，它是我栽下的一棵小树苗，

还有小树引来小鸟的歌。

我们对祖国的爱随国旗升起，

和满天星光一起闪烁，

在校园的铃声里摇响，

在翻开的课本里探索。

我们对祖国的爱，

像涓涓细流汇成长江黄河，

一路奔腾，一路唱着歌：

我们爱祖国，我们爱祖国——我——们——爱——祖——国！

（选自西师大版小学《语文》教材四年级下册）选作教材时有改动。

朗诵提示

这一首从提问入手表达对祖国之爱的诗，运用儿童的眼光，充满童趣，朗诵时节奏要明快，语音要自然，用平实的语言表达对祖国的感情。

第三组 中学生朗诵稿

祖国啊，我亲爱的祖国

作者：舒婷

我是你河边上破旧的老水车，

数百年来纺着疲惫的歌；

我是你额上熏黑的矿灯，

照你在历史的隧洞里蜗行摸索；

我是干瘪的稻穗，是失修的路基；

是淤滩上的驳船

把纤绳深深

勒进你的肩膊。

——祖国啊！

我是贫穷，

我是悲哀。

我是你祖祖辈辈

痛苦的希望啊，

是"飞天"袖间

千百年来未落到地面的花朵。

——祖国啊！

我是你簇新的理想，

刚从神话的蛛网里挣脱；

我是你雪被下古莲的胚芽；

我是你挂着眼泪的笑涡；

我是新刷出的雪白的起跑线；

是绯红的黎明

正在喷薄。

——祖国啊！

我是你十亿分之一，

是你九百六十万平方的总和；

你以伤痕累累的乳房

喂养了

迷惘的我、深思的我、沸腾的我；

那就从我的血肉之躯上

去取得

你的富饶、你的荣光、你的自由。

——祖国啊，

我亲爱的祖国！

（选自人教版《语文》教材九年级下册）

朗诵提示

这首诗以一组意象，描述了中国过去的贫穷，人民的苦难与梦想，以及令人振奋的新的崛起，全诗充满韵律，情感一波三折，前两节沉郁、凝重，后两节清新、明快，朗诵者在创作时要注意情感的变化和递进，运用节奏把握诗歌的旋律。

我爱这土地

作者：艾青

假如我是一只鸟，

我也应该用嘶哑的喉咙歌唱：

这被暴风雨所打击着的土地，

这永远汹涌着我们的悲愤的河流，

这无止息地吹刮着的激怒的风，

和那来自林间的无比温柔的黎明……

——然后我死了，

连羽毛也腐烂在土地里而。

为什么我的眼里常含泪水？

因为我对这土地爱得深沉……

朗诵提示

《我爱这土地》创作于国难当头、山河沦陷的抗战初期。作品不可避免地带上了那个时代悲壮的氛围。作者在诗中非常善于意象的刻画，而这些意象也不可避免地带有悲壮的色彩。从"土地""河流""风""黎明"这些意象中，我们不难品味作者所经历的坎坷、辛酸以及对苍老、衰弱、正在备受苦难的祖国，对人民，对土地的那种深深的爱。诗人的歌喉虽然沙哑但却宽厚，内心虽然悲哀但却博大。作品显示出一种雄浑的生命感，基调古朴、苍劲有力。

这首诗无固定的节律，不押韵。它主要由句中停顿和句末停顿构成一定的节拍。诵读时要着重把握诗中感情起伏所构成的"内在节奏"。全诗以"假如"领起，用"嘶哑"形容鸟儿的歌喉，并续写出歌唱的内容，由生前的歌唱，转写鸟儿死后魂归大地，最后转由鸟的形象代之以诗人自身形象。全诗感情波澜起伏，诗意层层递进。

黄河颂

作者：光未然

啊，朋友！
黄河以它英雄的气魄，
出现在亚洲的原野；
它表现出我们民族的精神：
伟大而又坚强！
这里，
我们向着黄河，

唱出我们的赞歌。
我站在高山之巅，
　望黄河滚滚，
　　奔向东南。
　　惊涛澎湃，
　掀起万丈狂澜；
　　浊流宛转，
　结成九曲连环；
　　从昆仑山下
　奔向黄海之边；
　　把中原大地
　劈成南北两面。

　　啊！黄河！
你是中华民族的摇篮！
　五千年的古国文化，
　　从你这儿发源；
　多少英雄的故事，
　在你的身边扮演！
　　啊！黄河！
　你是伟大坚强，
　　像一个巨人
出现在亚洲平原之上，
　用你那英雄的体魄
筑成我们民族的屏障。

啊！黄河！

你一泻万丈，

浩浩荡荡，

向南北两岸

伸出千万条铁的臂膀。

我们民族的伟大精神，

将要在你的哺育下

发扬滋长！

我们祖国的英雄儿女，

将要学习你的榜样，

像你一样的伟大坚强！

像你一样的伟大坚强！

（选自北师大版《语文》教材七年级下册）

朗 诵 提 示

　　这篇诗歌雄浑有力，气势非凡，朗诵者需要调动充沛的情感，把黄河万顷波涛的奔腾、雄壮表现出来，运用昂扬、充满激情的语言，让观众感受到黄河的精神。

我用残损的手掌

作者：戴望舒

我用残损的手掌
摸索这广大的土地：
这一角已变成灰烬，
那一角只是血和泥；
这一片湖该是我的家乡，
春天，堤上繁花如锦障，
嫩柳枝折断有奇异的芬芳。
我触到荇藻和水的微凉；
这长白山的雪峰冷到彻骨，

这黄河的水夹泥沙在指间滑出；

江南的水田，你当年新生的禾苗

是那么细，那么软……现在只有蓬蒿；

岭南的荔枝花寂寞地憔悴，

尽那边，我蘸着南海没有渔船的苦水……

无形的手掌掠过无限的江山，

手指沾了血和灰，手掌沾了阴暗，

只有那辽远的一角依然完整，

温暖，明朗，坚固而蓬勃生春。

在那上面，我用残损的手掌轻抚，

像恋人的柔发，婴孩手中乳。

我把全部的力量运在手掌

贴在上面，寄予爱和一切希望，

因为只有那里是太阳，是春，

将驱逐阴暗，带来苏生，

因为只有那里我们不像牲口一样活，

蝼蚁一样死……

那里，永恒的中国！

朗诵提示

　　本篇作品从触觉的角度出发，展现着祖国的土地、河湖、植被，感受到它们的样态、温度、味道，抒发对祖国的亲近、贴近、爱恋，表达出对祖国同命运的寄托、希望、自豪。朗诵者要细心地挖掘文字的内在含义，体会其象征意义，使表达充满目的性，要运用想象的力量，以触觉为原点，带动视觉、听觉、嗅觉、味觉、感觉等，使语言表达更加立体、多维。让听众在接受形象的过程中体会语言的指向，在享受中得到正能量的指引。

红船，从南湖起航

作者：佚名

一条游船

劈开了南湖的波浪，

十几个热血青年

在运筹一个红色的理想。

那船原本不是红色的，

船内燃烧的热情把它染红就成了一个红色的会场。

九十年前的中国革命

就从这太阳升起的地方起航。

也许是黑夜太长的缘故，

人们对太阳才

有强烈的渴望。

于是在我的视觉里，

一部生动的中国现代史

就烙下了一条船。

在旭日里行进的印象，

承载着一个民族的憧憬，

运行着一个曲折的历程，

寻找着改变中国命运的航向。

多少处暗礁险滩，

多少次惊涛骇浪，

船的航程在起伏的五线谱里

写着平平仄仄的诗行，

起初那几个操舵人便在风雨中迷惘。

中国革命的紧要关头，

有位舵手操起舵轮，

矫正了那船的航向。

井冈峰巅，

遵义城头，

延安宝塔，

西柏坡……

每一处革命圣地都是一座闪亮的航标，

为一次次伟大的行动导航，

跟着那条船的路线。

千万条船

从赤水从洪湖……

从黄河从长江……

江河湖海都在咆哮，

云集一支庞大的队伍，

演奏出东方红的合唱；

雄鸡一样形状的土地，

终于发出了黎明的报晓；

一轮鲜红的太阳

从未有过今天的辉煌；

一代又一代掌舵人，

开辟的一条中国特色的航线，

把我们的航程

永远指向太阳的方向！

朗诵提示

　　这首诗歌从中国共产党一大会议的红船写起，歌颂了中国共产党的正确路线，预示着这艘红船能带领着中国革命走向成功、建立新中国、奔向新时代。本诗歌文字平和朴实。朗诵者要把握好诗歌实写的南湖上的红船和象征性地写的中国革命正确航线上行驶的红船，且后者更加宏大，更有宏观意义。因此，内容上要清楚深情地表达具有象征性的人（舵手）、事（矫正了那船的航向、为一次次伟大的行动导航、演奏出东方红的合唱、开辟的一条中国特色的航线等）、地（井冈、遵义、延安、西柏坡等）。语言表达一定要大气，体现出象征性和历史感。

附录 "演说中国"活动往届
支持嘉宾或评委
（按姓氏笔画排列）

1. 马世琨：曾任《人民日报》国际部主任，高级记者，享受国务院政府特殊津贴。已出版作品有《中国近代史上的不平等条约》《漫话非洲》。

2. 于同云：国家一级演员，河南省话剧院演员，河南省戏剧家学会会员。

3. 子秀：美国正面管教认证讲师，演讲与口才杂志社特聘讲师，中国青少年蜕变式课程研究会导师，中国青少年蜕变式课程研究会导师团队会员。

4. 大铭：中央人民广播电台主播。曾获得十佳新闻工作者、浙江优秀播音员主持人、温州市劳动模范等荣誉称号。

5. 王晨：中国语文报刊协会会长、语文世界杂志社社长兼总编。

6. 王永常：《演讲与口才》资深主编，吉林省关心下一代讲师团成员，演讲与口才杂志社特邀讲师。

7. 王向群：声音表演艺术家，资深媒体人。中央电视台《感动中国》颁奖盛典主创和解说，中央电视台《东方时空》纪录片导演，中央电视台数字电视影视剧中心主任。

8. 王峄：主任播音员，天津广播电视台主持人。

9. 田拓：心理咨询师，担任多家国际机构的顾问或导师。

10. 北辰：中央广播电视总台节目主持人，主持中国之声《千里共良宵》、中国交通广播《北辰在找你》等节目。著有《守候黎明》《爱过你，不如爱着你》《你要活成一束光》等。

11. 李永田：演说家，中国社会科学院当代中国研究所研究员，中华人民共和国国史学会副秘书长。

12. 李刚：全国演讲大赛专家评委、《演讲与口才》专家委员会委员，天津大学等高校演讲与口才学教授。

13. 李清娟：演讲与口才杂志社特级讲师，中央电视台出境记者、编导、青少年领袖演说课程主讲老师，曾多次担任各种活动的支持、演讲大赛评委。

14. 李阳：疯狂英语创始人、英语口语教育专家、英语成功学励志导师。

15. 李越：中国传媒大学南广学院教授，中国广播电视学会播音主持研究委员会原副会长。

16. 李长乐：天津市朗诵艺术团理事长（团长），中国歌舞剧院朗诵艺术讲师。

17. 刘吉：演说家，和谐中国网高级顾问。

18. 刘媛媛：安徽卫视《超级演说家》第二届冠军，《奇葩说》嘉宾。

19. 刘仪：演讲与口才杂志社主编，演讲理论专家。

20. 刘小军：演讲与口才杂志社特级讲师，中国人生科学会家庭教育高级顾问、中国家长网特聘专家，新东方在线教育特聘专家。

21. 刘卫兵：中国青年政治学院青少年工作系副教授，中央人民广播电台中国之声《新闻观潮》特约评论员。

22. 许清林：北京演讲与口才学会副会长，演讲与口才杂志社顾问。

23. 吕帆：北京大学艺术学博士，北京大学新闻中心电视台副台长。曾获国家艺术基金、中国电视剧飞天奖、中国电视星光奖等奖项。

24. 孙艺彤：演讲与口才杂志社讲师，北京演讲与口才学会副秘书长、中国语文报刊协会演讲与口才分会常务理事。

25. 孙愈：广东电视台节目主持人、制片人，广东省青联委员。

26. 亚明：北京卡酷卫视主持人，曾被授予中国妇女发展基金会等机构"守护童年"爱心大使。

27. 同悦：北京电视台主持人，演讲培训师、主持人培训师。

28. 张天宏：演讲与口才杂志社金牌讲师，北京航空航天大学、北京理工大学、北京城市学院等多所大学创业导师。

29. 张美兰：清华大学中文系教授、副主任、博士生导师，兼任世界汉语教育史研究学会理事、国际中国语言学学会会员等。

30. 张磊：配音演员及配音导演，代表作有《赏金猎人》《美人心计》《西游记之大圣归来》等。

31. 张益滔：中国电视艺术家协会主持人委员会委员。曾从事记者、播音员、主持人、导演、制片等工作。

32. 宋立达：演讲与口才杂志社副主编，多次应邀为北京理工大学等全国名校讲授演讲与口才课程。

33. 何达：演员，毕业于南京艺术学院。代表作品有《半路夫妻》《桃花灿烂》《我是特种兵》《麻辣女兵》《战狼》等。

34 君浩：主持人，原创歌手，微电影演员。现主持镇江音乐广播 FM96.3《镇江女婿的快乐生活》节目。

35. 阿紫：诗人，词作家，代表作品有《读中国》《生如胡杨》《趁父母还在》等。

36. 迟名：天津广播电视台高级编辑，节目主持人。

37. 苏佳闻：中央电视台《走遍中国》《美丽中国》《聚焦先锋榜》主持人，环球电视台执行副台长，中国影视未来之星选拔赛专家评委。

38. 汤曲：演讲与口才杂志社特邀讲师，中国语文报刊协会演讲与口才分会常务理事，全国青少年演讲与口才能力提升计划全国总训师，中国语文现代化学会少儿口才专业委员会副理事长。

39. 杜青：中国传媒大学教授，国家级普通话水平测试员，中国艺术学会理事。

40. 杜悦：中央电视台少儿频道主持人。现主持央视少儿频道《新闻袋袋裤》《英雄出少年》《SK极智少年强》等节目。

41. 郑宏彪：演说家，资深演讲与口才培训师。曾为广州军区《战士报》主编，大校军衔。

42. 周扬：配音演员，朗诵解说艺术家，《周腔扬调》《大舅周扬》创始人。

43. 周仁杰：中国教育电视台主持人，曾获得第二十八届中国新闻奖。

44. 周伟红：河北省演讲与口才学研究会副会长，河北师范大学新闻与传播学院播音系主任，博士，副教授，硕士生导师。

45. 国铃：天津广播电视台广播新闻中心《天津新闻》主播、记者。受邀担任天津师范大学津沽学院特聘教授、天津财经大学珠江学院特聘教授、演讲与口才杂志社专家。

46. 武琼：曾为北京光明小学语文教师、教育部国培计划培训专家、教育部中小学教材审查委员、统编教材培训专家，曾获得北京市优秀教师等荣誉称号。

47. 柳维然：演讲与口才杂志社特级讲师，清华大学工商管理专业硕士，资深演讲实战讲师。

48. 胡乐民：朗诵家，表演艺术家，中国演诵艺术创始人。

49. 郝好：本名郝月芬。中国教育电视台配音员，曾获中央媒体业务练兵配音组第三名。主要配音作品有《非童小可》《大学》《远征腾格里》。

50. 袁先捷：中国语文报刊协会演讲与口才分会副会长兼秘书长，演讲与口才杂志社副社长。曾多次获得全国演讲比赛冠军、特等奖，并多次指导优秀选手参加全国演讲比赛荣获全国一、二、三等奖，自身荣获优秀指导教师称号。

51. 袁利红：中国女性形象工程讲师团成员、国家注册高级礼仪培训师、教育部全国核心职业能力认证礼仪训练讲师、心系家庭教育平台线上礼仪课程专家讲师、全国两会高端培训展示团队成员、2019 年世界残奥田径大奖赛（北京站）暨第 7 届中国残疾人田径公开赛颁奖仪式培训师。

52. 郭海燕：演说家，首都师范大学教授。《教育艺术》创办者之一、青年教育艺术研究所所长、演讲与口才杂志社特聘教授。

53. 唐千钧：教育部慈善平台主持讲师、央视《我是中国好少年》栏目组评委，全国青少儿播音主持考级培训教师、少年中国行 CCTV 少儿春晚优秀指导老师。

54. 崔跃松：安徽省精神文明建设研究中心副秘书长，文明风杂志社副总编、编辑部主任，中国伦理学会理事，全国思想政治工作科学专业委员会委员，首都精神文明建设讲师团成员。

55. 崔万志：《超级演说家》年度亚军、浙江大学客座讲师、阿里巴巴 NCC 宣讲专家，荣获"诚信与法治"全国演讲大赛总决赛特等奖。

56. 梁思思：中国教育电视台少儿节目中心制片人，持证记者、主持人，建党 90 周年、大阅兵、十九大等重大事件频道编播负责人。

57. 纳兰泽芸：《读者》《青年文摘》《意林》、龙源期刊网等签约作家，中国作家协会会员，中国演讲协会理事。全国中高考热点作家、专栏作家，作品曾入围第六届鲁迅文学奖。

58. 廉国龙：演讲与口才杂志社特级讲师，青少年领袖演说特训营主讲老师，多次担任各种活动的主持、演讲大赛评委。

59. 蔡朝东：演说家。1985 年以来，他先后在全国演讲 2300 多场。著有《蔡朝东演讲集》。

60. 蔡颂：湖南师范大学教育部智库教授，湖南师范大学后勤管理处党委副书记。

61. 翟杰：教授、博士生导师，中国文化遗产保护研究院常务副院长。出版作品有《口才是练出来的》《魅力口才三支剑》《伶牙俐齿》《领导干部脱稿演讲的艺术》《领导干部出口成章的故事》《领导干部演讲必用的名言》等。

62. 静馨：北京电视台《时间记忆》栏目编导。

63. 籍艳秋：演讲与口才杂志社社长，早幼教公社特聘导师。现任教育部中国语文报刊协会演讲与口才分会会长，北京金口才文化传媒有限公司董事长。